WhatsApp wirklich einfach erklärt

Die verständliche Anleitung für Ihr iPhone

Verlag:
BILDNER Verlag GmbH
Bahnhofstraße 8
94032 Passau

http://www.bildner-verlag.de
info@bildner-verlag.de

ISBN: 978-3-8328-0572-2

Autorin: Daniela Eichlseder, Anja Schmid
Herausgeber: Christian Bildner

Bildnachweis:
Cover: ©fizkes - stock.adobe.com
Kapitelbilder: ©iconimage - stock.adobe.com, ©olly - stock.adobe.com, deagreez - stock.adobe.com
Personenaufnahmen:

©pikselstock - stock.adobe.com
S. 113,114, 120

©pikselstock - stock.adobe.com
S. 113,114, 118, 120

©fizkes - stock.adobe.com
S. 120

©fizkes - stock.adobe.com
S. 120

Druck: Flyeralarm GmbH, Alfred-Nobel-Str. 18, 97080 Würzburg

Wichtiges vorab

WhatsApp ist ein Messenger, also ein Programm, mit dem Sie Nachrichten schnell versenden und anzeigen. Neben WhatsApp gibt es eine Vielzahl anderer Messenger, wie z. B. Facebook Messenger, Skype, Signal oder Threema, um nur einige zu nennen. Wichtig zu wissen ist, dass Sender und Empfänger den gleichen Messenger verwenden müssen, um sich austauschen zu können. Mit WhatApp haben Sie sich für den derzeit meist verbreiteten Messenger entschieden.

Über eine Milliarde Menschen nutzen WhatsApp und versenden damit Nachrichten, Fotos oder Videos. WhatsApp ist für iPhones (Apple) und Android-Smartphones (wie z. B. Samsung, OPPO, Xiaomi, Sony und viele andere) erhältlich. Zwischen diesen Geräten können Nachrichten problemlos über WhatsApp ausgetauscht werden.

Bedienung und Funktionen von WhatsApp sind auf allen Geräten ähnlich. Dennoch bestehen Unterschiede und es ist möglich, dass eine Funktion für iPhone-Nutzer bereits zur Verfügung steht, während Android-Smartphones noch darauf warten müssen und umgekehrt.

Das vorliegende Buch wurde für das iPhone konzipiert. Welches iPhone-Modell Sie verwenden, ist zum Verständnis von untergeordneter Bedeutung, da die aktuelle Version von WhatsApp auf allen Geräten überwiegend gleich aussieht.

iOS ist das Betriebssystem Ihres Smartphones. Es bildet die Plattform zur Speicherung der Apps und zur Ausführung aller Gerätefunktionen.

WhatsApp erhält kontinuierlich Updates, die den Funktionsumfang der App erweitern bzw. verbessern. Deswegen ist es möglich, dass sich Abweichungen zu den Abbildungen und Erläuterungen in diesem Buch ergeben.

Nutzung von WhatsApp im WLAN und in mobilen Netzen

WLAN steht für Wireless Local Area Network, also ein kabelloses lokales Netzwerk. Für Zuhause haben Sie im Zuge eines Vertragsabschluss mit einem Provider (z. B. O2, Vodafone, Telekom, 1&1 etc.) wahrscheinlich einen Router (Internetzugang über die Telefonleitung) oder ein Kabelmodem (Internetzugang über eine TV-Kabelverbindung) erhalten und eingerichtet. Mit diesem Gerät verbinden Sie Ihr Smartphone, aber auch den Computer, Laptop oder das Tablet und erhalten dadurch eine Verbindung zum Internet. Außerhalb eines WLANs verbindet sich das Smartphone über das Mobilfunknetz mit dem Internet (mobile Datenverbindung).

Mobile Datenverbindung und Datenvolumen

Als Teil Ihres Vertrags für Ihr Smartphone wird Ihnen ein bestimmtes Datenvolumen für den laufenden Monat zur Verfügung gestellt, z. B. 2 GB (ein Gigabyte). Dieses Datenvolumen verbrauchen Sie, wenn Sie **nicht** mit einem WLAN-Netzwerk verbunden sind und im Internet surfen oder WhatsApp verwenden. Sie nutzen dann eine mobile Datenverbindung.

Wenn das Datenvolumen aufgebraucht ist, ist die Nutzung der genannten Dienste zwar theoretisch noch möglich, aber praktisch zu langsam, da die Geschwindigkeit von den Anbietern „gedrosselt" wird. Manche Verträge sehen aber auch vor, dass das Datenvolumen für diesen Fall automatisch kostenpflichtig erweitert wird.

Eine Nachricht über WhatsApp zu versenden oder zu erhalten, reduziert Ihr Datenvolumen nur sehr geringfügig. Die Übertragung einer größeren Menge an Fotos oder gar ein Videotelefonat schlägt hier schon sehr viel stärker zu Buche. Deshalb sollten Sie für diese Aktionen das Smartphone mit einem WLAN verbinden. Ob Ihr Gerät momentan mit einem WLAN verbunden ist, entnehmen Sie der Statusleiste am oberen Rand des Smartphone-Displays.

Smartphone ist mit WLAN verbunden

Smartphone ist **nicht** mit WLAN verbunden

Versuchen Sie, wenn möglich, beim Ausprobieren und später auch bei der alltäglichen Nutzung von WhatsApp Ihr Smartphone mit einem WLAN zu verbinden. Das schont das Datenvolumen Ihres Mobilfunkvertrags.

Nutzung von fremden WLAN

Hotspots, offenes WLAN oder free WiFi bieten alles dasselbe - eine kostenlose Internetverbindung. Diese Möglichkeit erhalten Sie oft in Einkaufszentren, Bahnhöfen, in Zügen oder Cafés. Wenn Sie sich mit einem offenen WLAN verbinden, sollten Sie unbedingt darauf achten, während der Nutzung keine sensiblen Daten einzugeben, d. h. beispielsweise kein Online-Banking oder Bezahlung mit Kreditkarte. Tatsächlich betrifft dies jede Form der Eingabe von Kennwörtern. Behalten Sie sich diese Aktionen vor, wenn Sie wieder mit Ihrem heimischen WLAN verbunden sind.

Darüber hinaus sollten Sie im Hotel oder einer Ferienwohnung erfragen, ob die Nutzung des WLANs kostenlos ist.

Über dieses Buch

Befehle und Bezeichnungen von Schaltflächen sind zur besseren Unterscheidung farbig und kursiv hervorgehoben, zum Beispiel: Tippen Sie auf die Schaltfläche *Neuer Chat*.

Im Text finden Sie Nummerierungen ❶. Diese beziehen sich meistens auf die darunter aufgeführten Bilder. Auf Ausnahmen wird hingewiesen.

Sowohl Ihr Smartphone als auch WhatsApp verfügen über *Einstellungen*. Dabei handelt es sich um zwei völlig unterschiedliche Bereiche:

- Die *Einstellungen* Ihres Smartphones rufen Sie über die App *Einstellungen* auf. Hier verbinden Sie Ihr Smartphone mit dem WLAN, erhalten Informationen zur Datennutzung, vereinbaren Einstellungen zur Tastatur und vieles mehr. Hier verbinden Sie Ihr Smartphone mit dem WLAN, erhalten Informationen zur Datennutzung, vereinbaren Einstellungen zur Tastatur und vieles mehr. Die Einstellungen des Smartphones werden mit einem Zahnradsymbol dargestellt.

- Die *Einstellungen* von WhatsApp öffnen Sie in WhatsApp über das Menü. Hier legen Sie z. B. Ihr Profilbild fest, erstellen ein Backup für WhatsApp oder entscheiden, welchen Benachrichtigungston Sie verwenden möchten.
- Naturgemäß werden in diesem Buch die WhatsApp-Einstellungen behandelt. Für die wenigen Fällen, die die Einstellungen Ihres Smartphones zum Thema haben, wird, um Verwechslungen vorzubeugen, nebenstehendes Symbol abgebildet:

Kapitel 01

WhatsApp einrichten

Das erwartet Sie hier!

- Das Smartphone liegt vor Ihnen, aber wie kommt WhatsApp da jetzt drauf? Dazu benötigen Sie den **App Store** - eine App, die bereits auf Ihrem Smartphone installiert ist. Der App Store ist der Supermarkt für weitere Apps. Hier können Sie WhatsApp herunterladen.
- Danach folgt die **Einrichtung**. Dabei erlauben Sie WhatsApp den Zugriff auf verschiedene Bereiche Ihres Smartphones, z. B. den Zugriff auf gespeicherte Fotos. Außerdem richten Sie ein **Profil** ein. Dieses besteht aus einem Namen und optional aus einem Bild.
- Am Ende des Kapitels erhalten Sie einen kurzen **Überblick** über die einzelnen Funktionen und wo Sie diese aufrufen.

Das Standardgerät zur Nutzung von WhatsApp ist Ihr **iPhone**. Im Einrichtungsprozess wird kein klassisches Benutzerkonto mit Name und Kennwort erstellt, wie Sie es vielleicht von der Einrichtung Ihres E-Mail-Kontos kennen. WhatsApp verlangt lediglich eine Telefonnummer und wird mit dieser verknüpft, d. h. WhatsApp kann mit derselben Handynummer nur an einem Gerät betrieben werden.

Viele Nutzer fänden es praktisch, WhatsApp auch auf einem **iPad** zu verwenden. Leider gibt es für das iPad keine eigenständige App. Sie können allerdings die WhatsApp-Inhalte Ihres iPhones im Browser des iPads anzeigen. Wie das geht, erfahren Sie auf Seite 150.

1.1 WhatsApp installieren & einrichten

Gleich zu Beginn ein Warnhinweis: Falls Sie WhatsApp schon auf einem anderen Smartphone nutzen und Ihre Daten auch auf dem neuen Smartphone zur Verfügung stehen sollen, folgen Sie nicht dieser Anleitung, sondern lesen Sie zunächst Kapitel 9.

Außerdem ist es von Vorteil, wenn Ihr Smartphone beim Herunterladen der App mit einem WLAN verbunden ist. In der Regel ist Ihr Smartphone so eingerichtet, dass es sich Zuhause automatisch mit dem vorhandenen WLAN-Router verbindet.

App im App Store finden und installieren

App Store aufrufen: Zunächst müssen Sie den App Store öffnen.

- Die Kachel für den App Store befindet sich oft auf der ersten Startbildschirmseite des Smartphones. Tippen Sie diese an ❶.
- Vielleicht müssen Sie auch auf eine der folgenden Startbildschirmseiten wechseln. Dazu wischen Sie horizontal über das Display ❷.

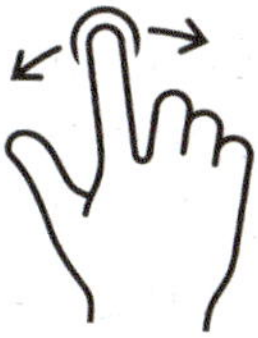

- Bei Smartphones mit neuerem Betriebssystem finden Sie auf der letzten Bildschirmseite die ***App-Mediathek***, wo alle Apps in Rubriken zusammengefasst sind. In der Gruppe ***Dienstprogramme*** ❸ finden Sie den App Store. Wenn nicht, dann geben Sie in der oberen Suchleiste ❹ einfach den Begriff ***App Store*** ein.

Probleme mit dem App Store? Bei der Ersteinrichtung Ihres Smartphones haben Sie sich mit einer Apple-ID angemeldet. Diese besteht aus einer E-Mail-Adresse, z. B. beispielname@icloud.com, und einem Kennwort. In diesem Fall können Sie den App Store nutzen. Ist dies nicht der Fall, müssen Sie sich nachträglich für den App Store anmelden.

- Öffnen Sie den App Store und tippen in der unteren Leiste auf ***Suchen***. Geben Sie ***whatsapp*** oben in das Suchfeld ein 5. Sie müssen das meist gar nicht ausschreiben, weil eine Liste mit Vorschlägen 6 angezeigt wird, aus der Sie durch Antippen auswählen. Wenn Sie den App-Namen ausgewählt haben, erscheint in der Regel keine Liste möglicher Apps, sondern sofort die gesuchte. Tippen Sie für mehr Informationen auf den Namen der App 7.

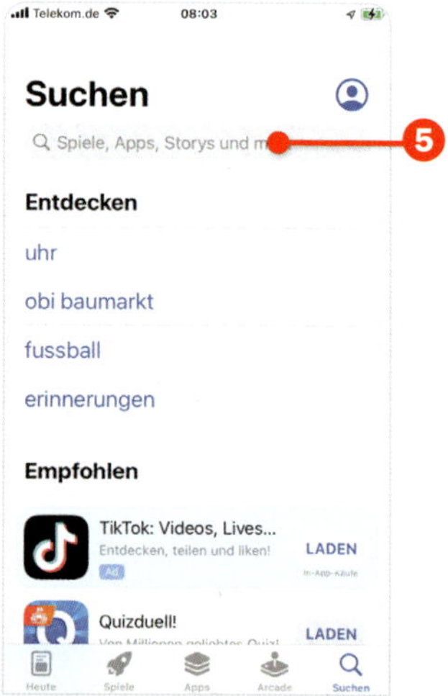

Installieren Sie die richtige App: Manche Hersteller versuchen, am Erfolg von WhatsApp teilzuhaben und beispielsweise durch ein ähnliches Logo Nutzer zu verleiten, ihre App versehentlich herunterzuladen. Achten Sie beim Download darauf, den *WhatsApp Messenger* der Firma *WhatsApp Inc.* 8 auszuwählen. Ein anderer Hinweis auf die richtige App ist die Anzahl ihrer Gesamtdownloads, die mit mehr als 5 Milliarden beziffert wird. „Mogel-Apps" erreichen diese Downloadzahl nicht.

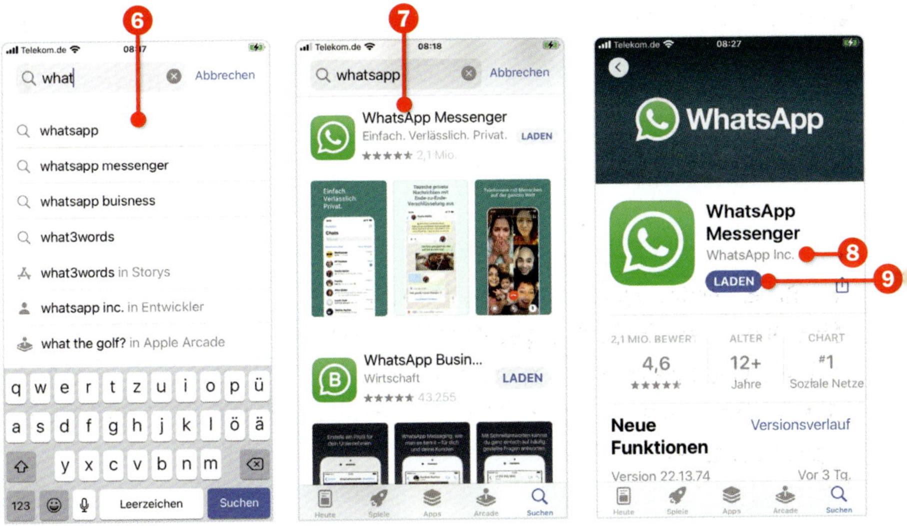

- Tippen Sie auf ***Laden*** 9 (siehe Grafik oben rechts) und dann auf ***Installieren***. Geben Sie anschließend das Passwort für Ihre Apple-ID ein und bestätigen mit ***Anmelden***.

- Nach erfolgtem Download tippen Sie auf ***Öffnen***.

WhatsApp einrichten

Nach dem Öffnen von WhatsApp müssen Sie einmalig einige Einstellungen vornehmen, bevor Sie die App verwenden können:

- Zunächst müssen die Nutzungsbedingungen und Datenschutzrichtlinien akzeptiert werden. Um diese zu lesen, tippen Sie auf die farbig hinterlegten Worte **1**. Die rechtlichen Hinweise werden im Browser angezeigt. Streichen Sie vertikal über den Bildschirm, um durch den Text zu blättern. Verwenden Sie dann das Zurück-Symbol links oben, um wieder zu WhatsApp zurückzukehren.
- Tippen Sie auf ***Zustimmen und Fortfahren*** **2**.
- Im nächsten Schritt erlauben Sie WhatsApp Zugriff auf verschiedene Bereiche Ihres Geräts zu nehmen. Im Laufe der Installation werden Sie mehrmals gebeten, den WhatsApp-Zugriff zuzulassen. Wenn Sie WhatsApp mit all seinen Funktionen verwenden möchten, müssen Sie den Zugriff erlauben. Tippen Sie dazu auf ***Erlauben*** **3**.

Nummer verifizieren:

Geben Sie die Telefonnummer ein. Beachten Sie:

- In der Regel ist hier bereits das passende Land, in unserem Beispiel ***Deutschland*** 4, ausgewählt. Die Länderauswahl bestimmt die korrekte Vorwahl, also hier die +49. Durch Antippen des grünen Pfeils ▼ können Sie ein anderes Land auswählen.
- Tragen Sie dann Ihre Telefonnummer ein. Über der Zifferntastatur wird in der Regel Ihre eigene Handynummer eingeblendet 5. Tippen Sie darauf und sie wird automatisch übernommen. Durch die bereits eingetragene Ländervorwahl +49 entfällt die erste Null Ihrer Handynummer. Tippen Sie dann auf ***Fertig***.
- Auf der nächsten Seite wird nochmals Ihre Handynummer angezeigt. Kontrollieren Sie, dass die Nummer korrekt eingegeben wurde, und bestätigen Sie mit ***Ja*** 6. Falls Sie einen Fehler entdecken, tippen Sie auf ***Bearbeiten***, dann können Sie die Nummer korrigieren.
- An Ihr Smartphone wird nach Bestätigung der Handynummer eine SMS versendet 7. Dadurch verifiziert WhatsApp die Telefonnummer, d. h. dass die angegebene Nummer existiert und zu diesem Smartphone gehört. Tippen Sie über dem Ziffernfeld auf den Code - dieser wird dann automatisch eingetragen 8.

Probleme bei der Verifikation der Telefonnummer?

- Sie können den Code auch der SMS entnehmen und diesen händisch eingeben.
- Falls die Aktion nicht abgeschlossen werden kann, erhalten Sie nach kurzer Zeit die Möglichkeit zur Korrektur der Telefonnummer. Tippen Sie dazu auf *Nummer bearbeiten*.
- Sollten Sie aufgrund eines Verbindungsproblems gar keine SMS erhalten haben, tippen Sie auf *Code erneut senden* oder lassen Sie sich den sechsstelligen Code via Anruf mitteilen. Dazu tippen Sie auf *Mich anrufen*.

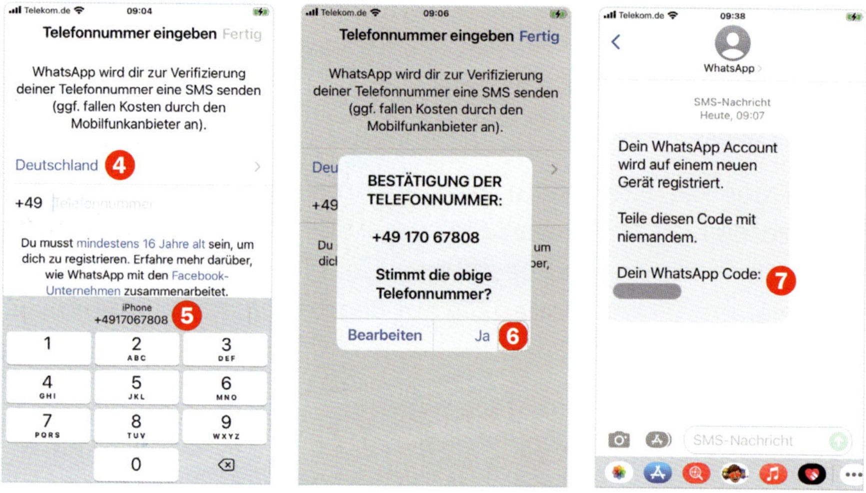

- WhatsApp benötigt Zugriff auf die Adressdaten der App Kontakte. Tippen Sie auf ***OK*** **9**. In der App Kontakte speichern Sie die Telefonnummern Ihrer Familie und Freunde. Auf dieser Grundlage wird in WhatsApp automatisch eine Liste aller Personen angezeigt, die WhatsApp ebenfalls verwenden. Diese Kontaktliste wird benötigt, um einen Chat zu starten.
- Zuletzt geben Sie einen Namen ein, der Ihren WhatsApp-Kontakten angezeigt wird. Das kann ihr vollständiger Name oder ein Spitzname sein, ganz wie Sie möchten. Tippen Sie gegebe-

nenfalls in das Feld 10, um die Bildschirmtastatur anzuzeigen. Diese Information können Sie auch später bearbeiten und ein Profilbild hinzufügen. Bestätigen Sie mit ***Fertig***. Nach der Einrichtung wird die Oberfläche von WhatsApp angezeigt.

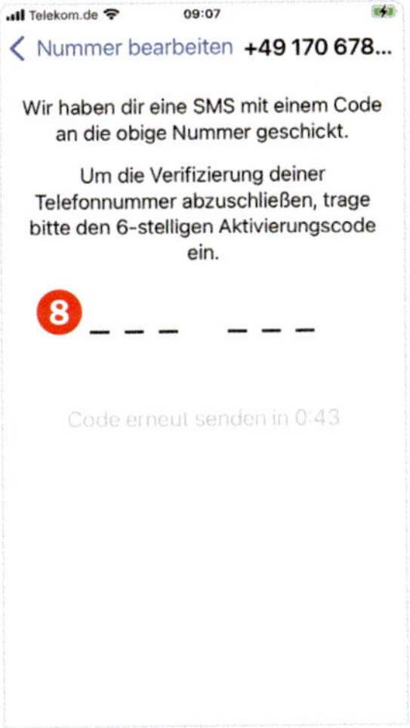

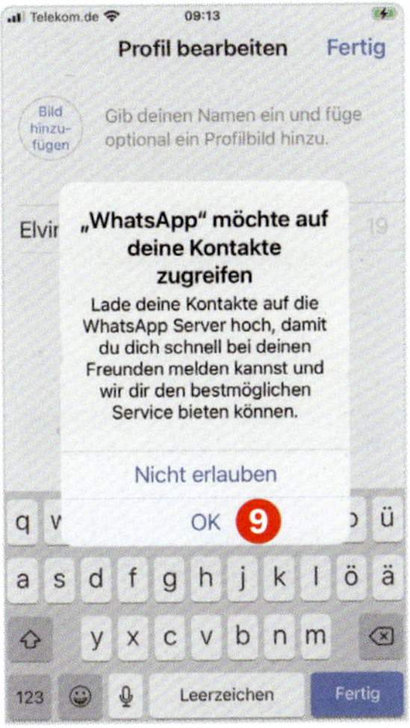

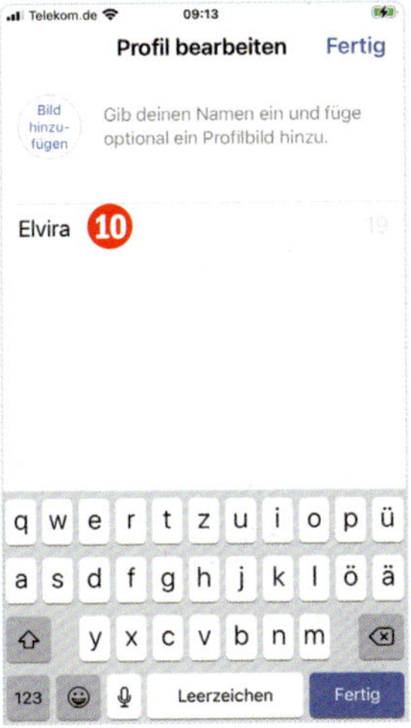

1.2 WhatsApp-Oberfläche

Chats, Status, Anrufe & Co.

Die WhatsApp-Oberfläche ist aufgeteilt in die Bereiche ***Status***, ***Anrufe***, ***Kamera***, ***Chats*** und ***Einstellungen***. Zum Wechseln tippen Sie auf einen Bereichsnamen.

Chats 1

Im Bereich Chats tauschen Sie Nachrichten, Fotos und mehr mit Freunden aus. Beim ersten Start von WhatsApp ist der Bereich noch leer.

Status 2

Im Status zeigen Sie Fotos und Videos für Ihre Freunde an. Der Inhalt ist für 24 Stunden verfügbar und wird dann automatisch entfernt.

Anrufe 3

Hier starten Sie Sprach- und Videoanrufe und erhalten eine Liste aller verpassten und durchgeführten Telefonate.

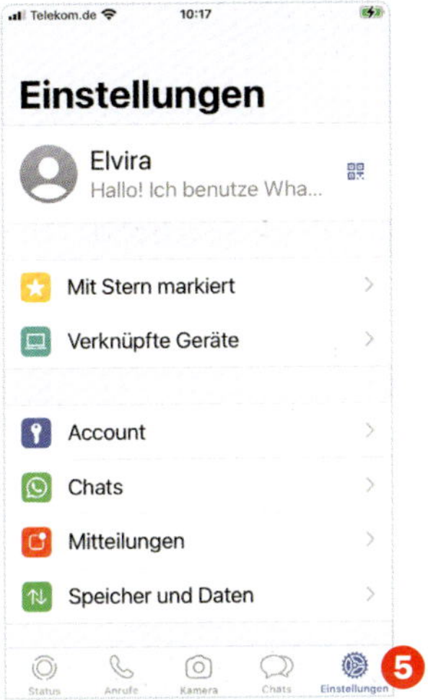

Kamera 4
Durch Antippen des Kamerasymbols erhalten Sie die Möglichkeit, schnell ein Foto zu knipsen oder ein Video aufzunehmen. Dieses können Sie dann einem Freund senden.

Einstellungen 5
Hier können Sie viele nützliche Optionen individualisieren, u. a. das Profilbild und den Namen ändern oder Account-, Mitteilungs- sowie Chat-Einstellungen vornehmen.

Freunde zur Kontaktliste hinzufügen

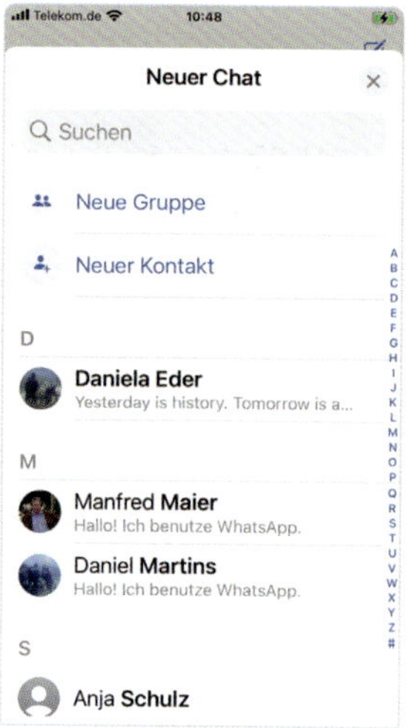

Zum Start einer Unterhaltung oder eines Anrufs benötigen Sie die Handynummer der Kontaktperson. Im Bereich ***Chats*** zeigen Sie alle verfügbaren Kontakte durch Antippen von 6 (Abbildung vorige Seite) an. In der Kontaktliste sehen Sie alle Freunde, deren Nummer auf dem Smartphone gespeichert ist und die WhatsApp verwenden. Im Beispiel auf der rechten Seite sind vier Kontakte vorhanden. Nur für drei von ihnen wird ein Foto angezeigt. Der letzte Kontakt hat kein Profilbild hinterlegt. Mehr zur Verwendung der Kontaktliste erfahren Sie gleich in Kapitel 2.

Sie verlassen die Kontaktliste wieder durch Anklicken von × rechts oben.

Tipp! Bereich verlassen:

Was für die Kontaktliste gilt, gilt auch für viele andere Bereiche in Apple-Apps. Zum Verlassen eines Bereichs halten Sie Ausschau nach einem X-Symbol rechts oben. In anderen Fällen befindet sich ein Pfeilsymbol rechts oben.

Weltweit nutzen über 5 Milliarden Menschen WhatsApp. In der Regel werden also eine ganze Reihe von Familienmitgliedern und Freunden ebenfalls WhatsApp verwenden. Mit wem Sie momentan Kontakt aufnehmen können, sehen Sie in der Kontaktliste. Ist diese leer, sind in Ihrer App Kontakte keine Handynummern von Freunden hinterlegt. Das lässt sich leicht ändern. Sie können die Eingabe der Nummern gleich über WhatsApp vornehmen:

- Zeigen Sie durch Antippen von die Kontaktliste an. Wählen Sie ***Neuer Kontakt*** ❶. Dadurch wird die App Kontakte aufgerufen.

- Tragen Sie Vor- und Nachname sowie die Handynummer der Person ein. Tippen Sie jeweils in das entsprechende Feld, um die Tastatur anzuzeigen. Mehr zur Bedienung der Tastatur erfahren Sie ab Seite 67.

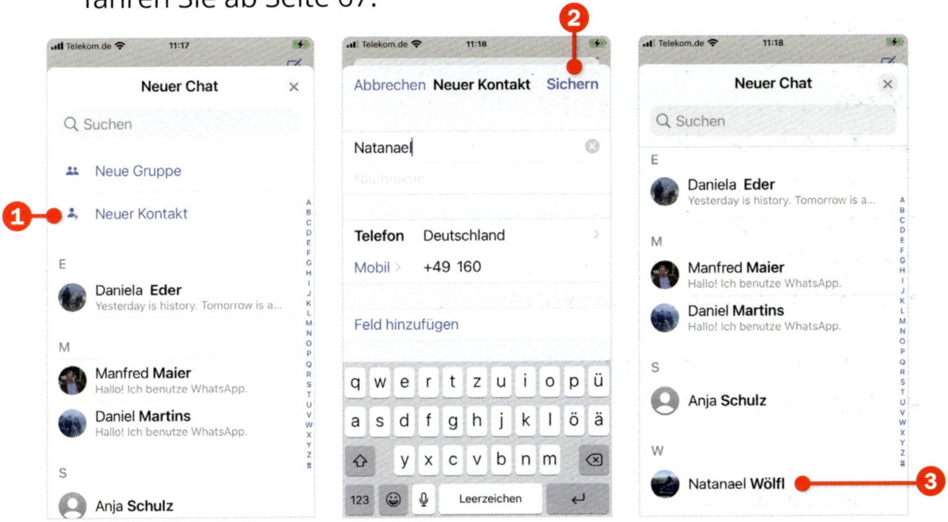

- Geben Sie die Telefonnummer ein. Die Ländervorwahl für Deutschland (+49) ist bereits eingetragen. Tippen Sie dann die Handynummer ein, ohne die Führungsnull. Es können auch weitere Informationen hinterlegt werden. Diese sind allerdings für die Verwendung von WhatsApp unerheblich.

- Bestätigen Sie mit ***Sichern*** ❷.

- Drücken Sie ✕ rechts oben, um zur Kontaktliste von WhatsApp zurückzukehren. Hier finden Sie den neuen Kontakt ❸.

Mein Profil mit Name und Bild

Bei der Einrichtung von WhatsApp haben Sie bis jetzt nur Ihren Namen als Profil hinterlegt. Dadurch erscheinen Sie in der Kontaktliste Ihrer Freunde etwas farblos - so wie Anja Schulz im Beispiel 1.

Wer mag, kann ein Foto hinterlegen und so den langweiligen Profilplatzhalter loswerden. Das Foto kann Sie selbst zeigen; viele verwenden aber auch ein Bild des Haustiers, laden ein Urlaubsfoto hoch oder passen das Profilbild je nach Stimmung oder Jahreszeit an.

- Öffnen Sie in der unteren Leiste die ***Einstellungen***.
- Tippen Sie den Profilbereich 2 an.
- Tippen Sie dann auf ***Bild hinzufügen*** 3 und wählen ***Bild auswählen***. Im oberen Bereich finden Sie zwei Rubriken, ***Fotos*** und ***Alben***. In der Rubrik ***Fotos*** finden Sie alle auf dem Smartphone enthaltenen Bilder und die Rubrik ***Alben*** ist in verschiedene Kategorien unterteilt, z. B. ***Zuletzt*** 4 (alle Bilder, die mit dem Smartphone geknipst wurden) oder ***Download*** (Fotos, die Sie z. B. via E-Mail erhalten haben) und unter Umständen weitere. Wählen Sie das gewünschte Foto durch Antippen aus.
- Das Foto wird angezeigt, bestätigen Sie mit ***Auswählen*** 5. Im Profilbereich wird unter dem ausgewählten Bild ebenfalls der eingegebene Name angezeigt. Falls Sie diesen nachträglich verändern möchten, tippen Sie auf den Namen 6.
- Sie verlassen den Profilbereich und danach die Einstellungen über den Pfeil links oben. Mehr zur Bearbeitung des Profils erfahren Sie ab Seite 177.

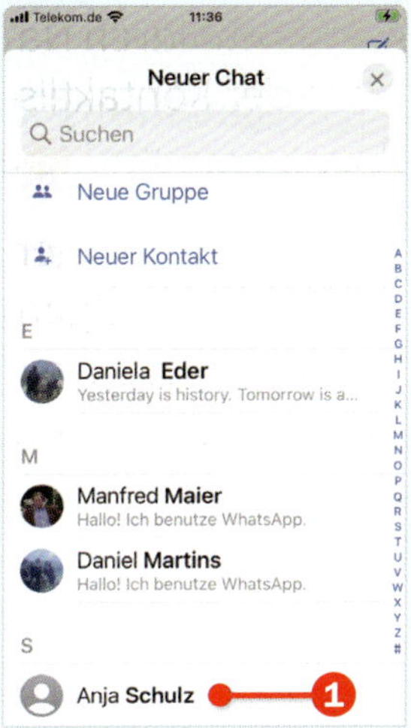

Telekom.de
11:36
Neuer Chat
Suchen
Neue Gruppe
Neuer Kontakt
E
Daniela Eder
Yesterday is history. Tomorrow is a...
M
Manfred Maier
Hallo! Ich benutze WhatsApp.
Daniel Martins
Hallo! Ich benutze WhatsApp.
S
Anja Schulz
1

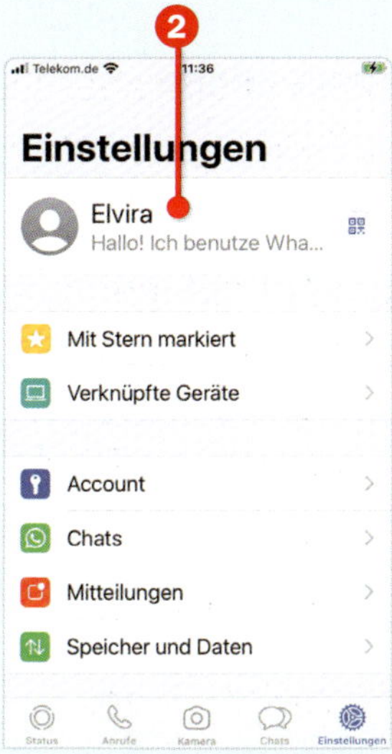

2
Telekom.de
11:36
Einstellungen
Elvira
Hallo! Ich benutze Wha...
Mit Stern markiert
Verknüpfte Geräte
Account
Chats
Mitteilungen
Speicher und Daten
Status
Anrufe
Kamera
Chats
Einstellungen

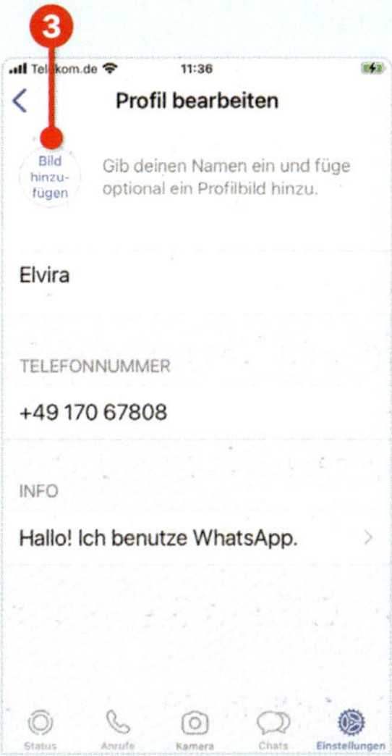

3
11:36
Profil bearbeiten
Bild hinzu-fügen
Gib deinen Namen ein und füge optional ein Profilbild hinzu.
Elvira
TELEFONNUMMER
+49 170 67808
INFO
Hallo! Ich benutze WhatsApp.
Status
Anrufe
Kamera
Chats
Einstellungen

4
Telekom.de
11:51
Abbrechen
Fotos
Alben
Meine Alben
Alle anzeigen
Zuletzt
377
Download
9
Favoriten
0
Medienarten

Bewegen und skalieren
Abbrechen
Auswählen
5

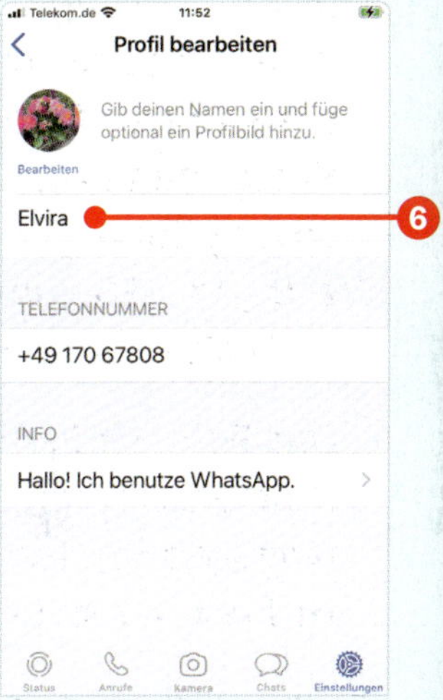

Telekom.de
11:52
Profil bearbeiten
Gib deinen Namen ein und füge optional ein Profilbild hinzu.
Bearbeiten
Elvira
6
TELEFONNUMMER
+49 170 67808
INFO
Hallo! Ich benutze WhatsApp.
Status
Anrufe
Kamera
Chats
Einstellungen

WhatsApp vom Startbildschirm öffnen

Viele finden es praktisch, WhatsApp gleich vom ersten Startbildschirm aus zu öffnen. Dazu müssen Sie das App-Symbol verschieben.

- Wischen Sie horizontal über den Bildschirm, um WhatsApp zu finden. Halten Sie das App-Symbol solange gedrückt, bis es anfängt zu "zittern" 1. Ziehen Sie es dann nach **links**← an den Rand, bis die Seite wechselt. Lassen Sie das App-Symbol erst los, wenn Sie es auf der ersten Seite positioniert haben 2.

Kapitel 02

Nachrichten, Fotos & mehr austauschen

Das erwartet Sie hier!

- In diesem Kapitel sprechen wir über den Austausch von Nachrichten. Dabei geht es nicht nur um die einfache Textnachricht, sondern selbstverständlich auch um Fotos oder Videos.
- Beliebt insbesondere bei jüngeren Nutzern ist die Sprachnachricht: Das ist als würden Sie sich gegenseitig auf den Anrufbeantworter quatschen.
- Wenn Sie was Tolles im Internet entdeckt haben, können Sie den Link zu der Seite über WhatsApp an Ihre Freunde senden.
- Praktisch ist auch die Möglichkeit, Kontaktdaten weiterzuleiten, also die Telefonnummer oder E-Mail-Adresse eines Freundes an einen anderen. Der Empfänger kann die Information dann ganz leicht und ohne Zahlendreher auf dem iPhone in der App Kontakte speichern.
- Nicht so häufig gebraucht, aber trotzdem tolle Möglichkeiten sind das Weiterleiten von Dokumenten (z. B. einem Rezept als PDF) oder Musikdateien. Mit der Standortweitergabe teilen Sie einem Freund mit, wo Sie sich gerade befinden.

2.1 Kontaktliste verwenden

Um einen Freund auszuwählen, mit dem Sie einen Chat beginnen möchten, rufen Sie im Bereich ***Chats*** 1 die Kontaktliste durch Antippen von ✎ 2 auf. Diese ist nach Vornamen alphabetisch sortiert. Wenn Sie viele Kontakte gespeichert haben, reicht zur Anzeige aller Kontakte eine Bildschirmseite meist nicht aus. Wischen Sie mit dem Finger vertikal über das Display, um weitere Einträge anzuzeigen. Oder wählen Sie rechts einen einzelnen Buchstaben im alphabetischen Register 3.

Hat der Freund kein Profilfoto hinterlegt, wird der Kontakt nur mit einem Bildplatzhalter angezeigt. Haben Sie bei einem Kontakt mehrere Mobilfunknummern gespeichert, z. B. privat und geschäftlich, und für beide Nummern wird WhatsApp verwendet, dann taucht der Kontakt zweimal in der Liste auf 4.

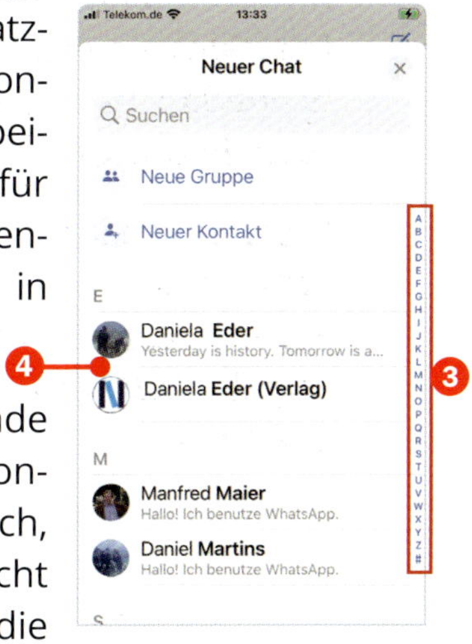

Kontaktliste aktualisieren: Sofern Sie gerade eine neue Telefonnummer in die App Kontakte eingegeben haben, ist es möglich, dass die Daten in WhatsApp noch nicht übernommen wurden. Schließen Sie die Kontaktliste und rufen Sie sie erneut auf.

2.2 Textnachrichten verschicken

Eine Unterhaltung beginnen

- Beim ersten Austausch von Nachrichten mit einem Freund tippen Sie im Bereich ***Chats*** unten auf die Schaltfläche .
- Wählen dann aus der Kontaktliste die Person durch Antippen aus.
- Der Empfänger der Nachricht wird jetzt im persönlichen Chat oben angezeigt ❶.
- Geben Sie über die Tastatur eine Nachricht ein und versenden Sie diese durch Antippen des Pfeilsymbols ❷.
- Sollte die Tastatur nicht angezeigt werden, dann tippen Sie einmal in das Nachrichtenfeld ❸. Die Nachricht, die Sie gesendet ❹ haben, erscheint im Chatfenster.
- Um die Unterhaltung zu verlassen, klicken Sie auf den Pfeil oben links .
- Die Unterhaltung mit dieser Person ❺ wird ab jetzt im Bereich ***Chats*** angezeigt. Tippen Sie den Chat an, um weitere Nachrichten auszutauschen.

Tipp: Im Kapitel 3 finden Sie Wissenswertes zur Tastatur und der Verwendung von Smileys, falls Sie hierzu Fragen haben.

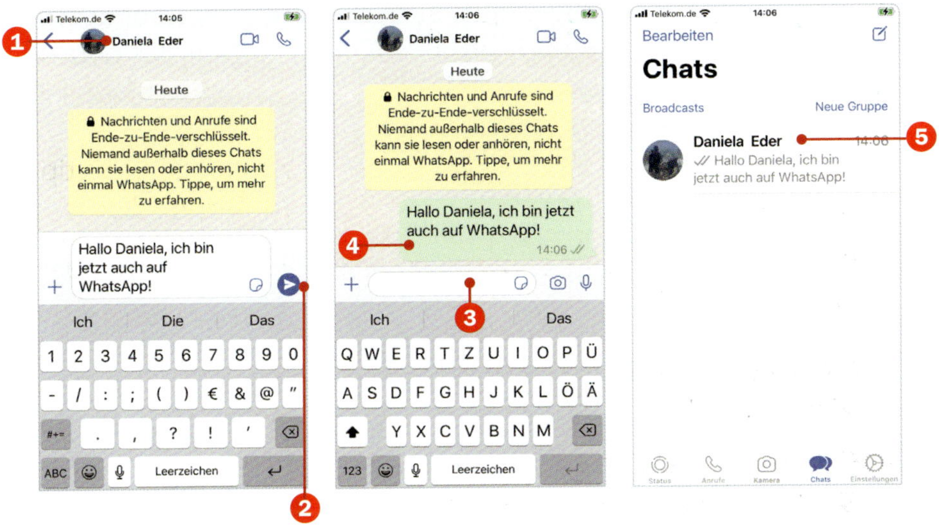

Nachrichten erhalten

So kündigt sich eine neue Nachricht an

In der Standardeinstellung ertönt bei Eingang einer Nachricht ein kurzer Benachrichtigungston. Die Nachricht erscheint mit Text auf dem Sperrbildschirm 1.

Auch in der Mitteilungszentrale des Smartphones finden Sie neue WhatsApp-Nachrichten 2. Streichen Sie mit dem Finger vom oberen Bildschirmrand nach unten. Bei einigen iPhone-Modellen müssen Sie zur Anzeige der Benachrichtigungen in der linken Hälfte des Bildschirms vom oberen Rand nach unten wischen. Sie fragen sich jetzt vielleicht, warum Sie die Nachricht nicht gleich in WhatsApp lesen? Kurz gesagt, wenn Sie den Text hier lesen, erhält Ihr Chatpartner keine Information, dass die Nachricht gelesen wurde. Sie betrachten die Nachricht also im Geheimen! Mehr dazu ab Seite 132.

Neue Nachrichten kündigen sich auch beim App-Symbol durch einen roten Indikator ❸ an. Dieser zeigt die Anzahl der neuen Nachrichten an.

Alle genannten Hinweise können am Smartphone individualisiert bzw. abgeschaltet werden.

Nachricht beantworten

Mit dem Öffnen von WhatsApp verschwinden alle Benachrichtigungshinweise. Sie sehen im Bereich ***Chats***, wie viele neue Nachrichten eingegangen sind. Neue Chats sind oben angeordnet und durch einen blauen Indikator ❶ gekennzeichnet. Durch Antippen ❹ öffnen Sie den entsprechenden Chat.

Hier sind die Nachrichten, die Sie versendet haben ❺, rechts angeordnet und grün hinterlegt. Nachrichten, die Sie erhalten haben ❻, sind weiß hinterlegt und links angeordnet. Zur Eingabe einer Antwort tippen Sie in das Nachrichtenfeld. Dadurch wird die Tastatur angezeigt.

Da Sie nicht nur mit einer Person Nachrichten austauschen, wird sich der Bereich ***Chats*** mit weiteren Unterhaltungen füllen. Um hier den Überblick zu behalten, ist der Bereich nach dem Änderungsdatum sortiert, d. h. die Unterhaltung, in der Sie zuletzt eine Nachricht versendet bzw. erhalten haben, wird oben angezeigt. Dadurch ändert sich die Reihenfolge ständig.

Zur Anzeige von älteren Chats wischen Sie vertikal 7 von unten nach oben über den Bildschirm. Damit verschieben Sie den angezeigten Ausschnitt und können einen älteren Chat auswählen. Alternativ können Sie aber auch über die Kontaktliste die Person auswählen, mit der Sie sich austauschen möchten. Dadurch wird der Chat ebenfalls angezeigt.

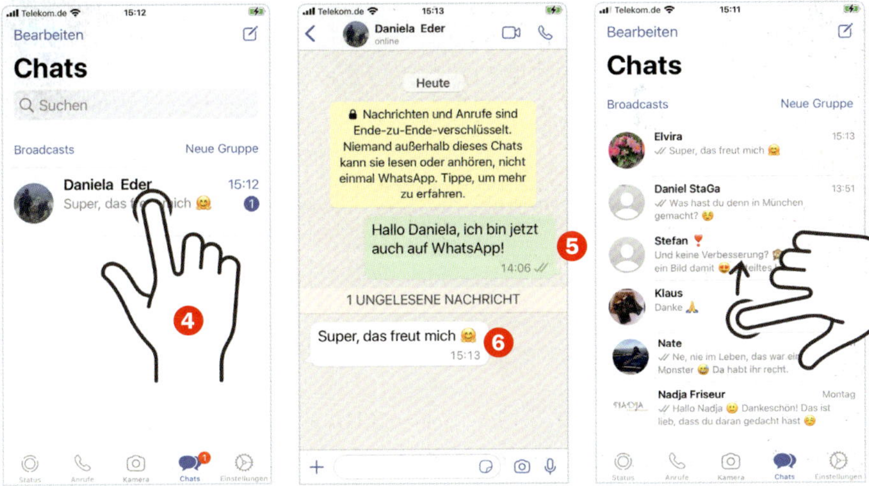

Nachrichten von Fremden oder ungespeicherten Freunden

Selbstverständlich kann jeder Ihnen eine Nachricht schicken, der Ihre Telefonnummer kennt. Bei Nachrichten von Personen, die nicht in der App Kontakte gespeichert sind, wird für die erhaltene Mitteilung in der Übersicht nicht der Name, sondern die Telefonnummer angezeigt 1. Öffnen Sie den Chat durch Antippen.

Absender blockieren: Unter der Nachricht finden Sie die Option ***Blockieren*** 2, die Sie verwenden können, wenn Sie den Absender nicht kennen. Dann werden keine Nachrichten dieser Nummer mehr angezeigt (dazu mehr in Kapitel 4).

Nummer hinzufügen: Wenn Sie die Nummer kennen, können Sie sie über ***Zu Kontakten*** 3. Damit speichern Sie den neuen Kontakt schnell in der App Kontakte. Sie müssen dann nur noch entscheiden, ob Sie die Telefonnummer ***Zu Kontakt hinzufügen*** (also als zweite Nummer zu einem bereits vorhandenen Kontakt) oder einen ***Neuen Kontakt erstellen*** wollen.

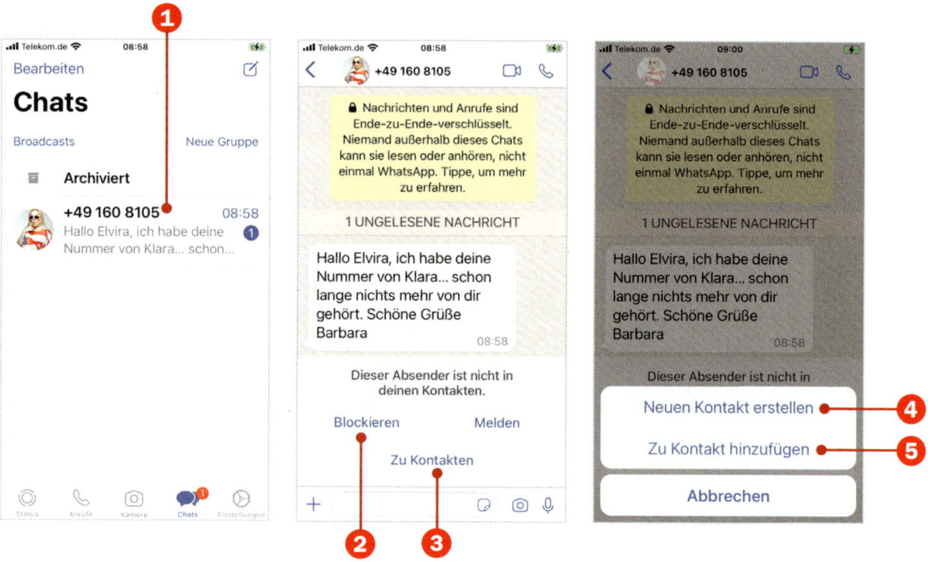

- Nach Auswahl von ***Neuen Kontakt erstellen*** 4 wird in der App ***Kontakte*** ein neues Kontaktformular angezeigt, in das die Mobilnummer bereits eingetragen ist. Fügen Sie noch einen Namen hinzu (auch dieser kann schon vorhanden sein) und bestätigen dann mit ***Sichern*** 6.
- Wenn Sie schon gespeicherte Kontaktdaten zu dieser Person haben, wählen Sie ***Zu Kontakt hinzufügen*** 5. Sie erhalten eine Liste Ihrer Kontaktdaten. Hier können Sie die passende Per-

son 7 auswählen. Die zusätzliche Nummer wird auch hier automatisch eingetragen. Sie bestätigen nur noch mit ***Sichern***.

- Nach Speicherung und Rückkehr zu WhatsApp wird der Chat 8 mit dem eingegebenen Namen versehen.

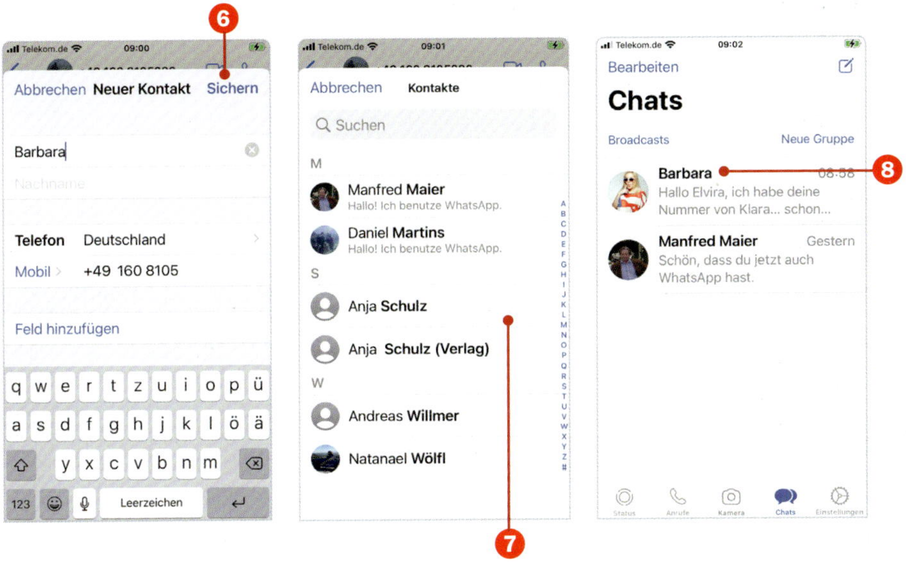

2.3 Fotos, Videos und Audiodateien versenden

Neben reinen Textnachrichten können via WhatsApp Fotos und Videos, aber auch Audio- oder Textdateien versendet werden. Zur Auswahl des entsprechenden Elements steht neben dem Nachrichtenfeld das Plussymbol zur Verfügung. Tippen Sie dieses an.

Foto oder Video aufnehmen und versenden

- Zeigen Sie zunächst den Chat mit der Person an, der Sie etwas schicken möchten.
- Tippen Sie dann neben dem Nachrichtenfeld auf das + und wählen Sie *Kamera* aus.
- Wenn Sie diese Aktion zum ersten Mal durchführen, müssen Sie den Zugriff auf die Kamera und bei Video auch auf Audio erlauben. Tippen Sie jeweils auf *OK* 1.
- Tippen Sie auf den kreisförmigen Auslöser 2, um ein **Foto** zu knipsen.
- Für ein **Video** halten Sie den Auslöser 2 gedrückt und lassen erst los, wenn die Aufnahme beendet werden soll.
- Zum aufgenommenen Foto oder Video kann im Feld *Bildunterschrift ...* 3 eine Nachricht eingetippt werden.
- Versenden Sie die Aufnahme durch Antippen von ▶.
- Falls Sie die Aktion abbrechen möchten, tippen Sie auf **x** 4 links oben. Das Foto/Video wird verworfen und auch nicht auf dem Smartphone gespeichert.

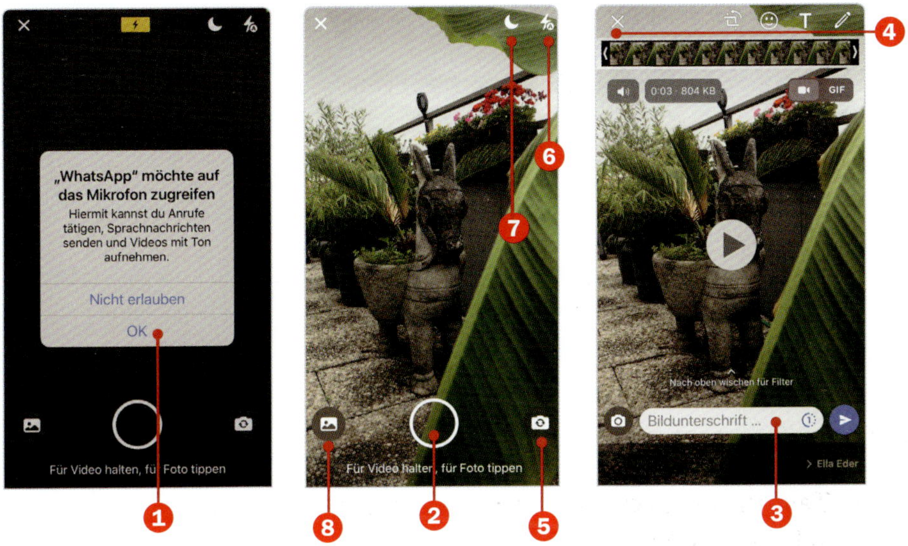

Kamerawechsel: Verwenden Sie 5 zum Wechsel zwischen hinterer und vorderer Kamera. Mit der vorderen Kamera knipsen Sie ein Selfie.

Blitz einschalten: Durch Antippen 6 wechseln Sie zwischen den drei Optionen:

Blitz löst immer aus	Blitz ist ausgeschaltet	Automatischer Blitz

Bei schlechten Lichtverhältnissen tippen Sie rechts oben auf , wodurch hellere Bilder erzeugt werden 7. Mit gelangen Sie in Ihre Foto-Mediathek 8. Dabei handelt es sich um Fotos, die auf Ihrem Smartphone gespeichert sind. Auch diese können ausgewählt werden. Das geht aber leichter mit der Methode, die auf den nächsten Seiten folgt.

Dateigröße von Medien

Videos, Dokumente oder Audiodateien können bis zu einer Grenze von 2 Gigabyte versendet werden. Davon ausgenommen sind Videos, die mit WhatsApp aufgenommen wurden, diese werden nur bis zu einer Größe von 16 MB verschickt.

> **Achtung!** Das Empfangen und Versenden von Medien schmälert das Datenvolumen Ihres Mobilfunkvertrags mehr, als es der Austausch von Textnachrichten tut. Versuchen Sie große Datenmengen nur auszutauschen, wenn Ihr Smartphone mit einem WLAN verbunden ist.

Gespeicherte Fotos oder Videos versenden

Abgespeicherte Fotos oder Videos fügen Sie durch Antippen von ***Foto- und Videomediathek*** hinzu, die Sie über das Symbol + neben dem Eingabefeld erreichen.

Ein Foto versenden

- Nachdem Sie die ***Foto- und Videomediathek*** ausgewählt haben, wird der Ordner ***Aufnahmen*** angezeigt. Wenn Sie links oben auf ***Alben*** 2 tippen, erscheinen mehrere Rubriken: ***Zuletzt***, ***Favoriten***, ***Videos***, ***Selfies***, ***Bildschirmfotos*** und der Ordner ***WhatsApp***. Im letztgenannten Ordner befinden sich alle Fotos und Videos, die Sie über WhatsApp ausgetauscht haben.
- Öffnen Sie den gewünschten Ordner durch Antippen und wählen Sie ein Foto aus. Auch hier können Sie im Feld ***Bildunterschrift ...*** 3 Text eintragen und mit versenden.

Mehrere Fotos auswählen

Sie können anstelle eines Bildes auch gleich mehrere auswählen.

- Mehrere Bilder/Videos wählen Sie aus, wenn Sie nach dem Antippen des ersten Elements links neben der Beschriftungszeile das Symbol ⊞ anwählen 4 (siehe Bild oben rechts) und somit aufgefordert werden, weitere Bilder und Videos mit einem blauen Häkchen zu versehen, also zu versenden.
- Sie können maximal 30 Objekte in einer WhatsApp-Nachricht verschicken. Tippen Sie dann rechts oben auf ***Fertig*** 5.
- Das zuerst ausgewählte Foto wird groß angezeigt, die weiteren klein darunter. Falls Sie die Auswahl kontrollieren möchten, tippen Sie auf eine Miniaturansicht, um diese oben anzuzeigen. Das Foto ist dann markiert und kann gegebenenfalls mit 🗑 6 entfernt werden. Mit 7 fügen Sie weitere Bilder hinzu.

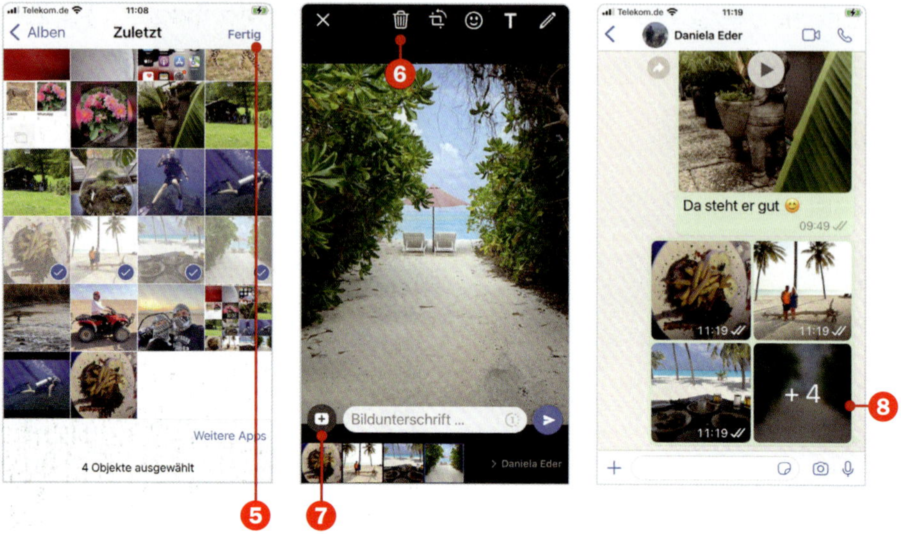

Im Chat werden die versendeten Fotos zunächst einzeln als Bilderreihe angezeigt. Beim nächsten Öffnen des Chats sind die Fotos zusammengefasst ❽. Bilder mit Beschriftung werden nicht in die Zusammenstellung aufgenommen. Sie können den Container jederzeit anklicken, um die Bilder einzeln zu betrachten.

Video verschicken

Der Videoversand unterscheidet sich kaum vom Versand eines Fotos. Auch hier greifen Sie über die ***Foto- und Videomediathek*** auf Ihre gespeicherten Videos zu. Fündig werden Sie im Ordner ***Zuletzt***; hier sind die Videos mit einem Symbol gekennzeichnet. Allerdings ist der Ordner ***Videos*** ❶ besser geeignet, schnell das Passende zu finden. Tippen Sie links oben auf ***Alben*** und anschließend in der Liste auf den Ordner ***Videos*** und wählen Sie das gewünschte Video aus.

Oben sehen Sie die Abspieldauer und die Größe der Videodatei ❷. Durch Antippen von ❸ zeigen Sie das Video an. Nochmaliges Antippen des Displays stoppt das Video wieder. Durch

Ziehen an den weißen Pfeilen oben rechts und links 4 kürzen Sie das Video.

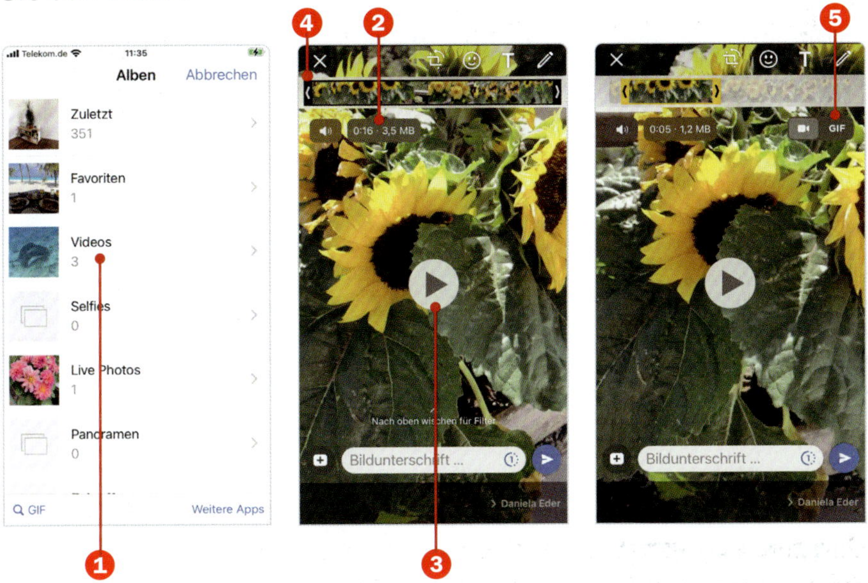

Beim Versenden eines Videos kann es sein, dass der Upload (Übermittlung der Datei zum WhatsApp-Server) etwas länger dauert. In diesem Fall wird auf dem Video ein Fortschrittskreis eingeblendet. Erst wenn das Abspielsymbol ▶ angezeigt wird, wurde das Video versendet.

GIF erstellen und verschicken: Sobald Sie das Video auf unter sieben Sekunden kürzen, erhalten Sie die Möglichkeit, ein GIF zu erstellen und dieses zu verschicken. Dazu tippen Sie auf *GIF* 5. Die Bildsequenz wird in Dauerschleife angezeigt. Wenn Ihnen der Ausschnitt so gefällt, tippen Sie auf *Senden*.

Fotos bearbeiten

Verschönern Sie vor dem Versenden ein Foto in WhatsApp:

- **Bild zuschneiden und drehen:** Klicken Sie auf ⊡ 1 und ziehen Sie an den weißen Begrenzungslinien, um einen unschönen Teil des Fotos abzuschneiden. Mit ⊡ 2 kann das Bild auch gedreht werden. Tippen Sie dann auf *Fertig*. Mit *Abbrechen* verlassen Sie die Ansicht, ohne eine Änderung vorzunehmen.
- **Filter:** Es stehen verschiedene Filter zur Verfügung. Wischen Sie vertikal über das Bild, um die Filteroptionen 3 anzuzeigen. Zur Auswahl tippen Sie einen Filter an. Mit *Ohne* kehren Sie wieder zur Originalansicht zurück. Sind Sie mit dem Ergebnis zufrieden, tippen Sie auf *Fertig* links oben ⊗.
- **Foto mit Emojis und Text verschönern:** Mit ☺ 4 fügen Sie Smileys und andere Grafiken ein. Tippen Sie auf *Emoji* 5 zur Anzeige der gelben Gesichter. Über die Leiste 6 unten wechseln Sie zu einer anderen Emoji-Kategorie. Zum Einfügen tippen Sie ein Emoji an. Sie können es auf dem Foto mit dem Finger verschieben. Ziehen Sie zwei Finger über dem Emoji auseinander, um es zu vergrößern. Zum Hinzufügen von Text tippen Sie auf T.
- **Foto mit dem Stift verzieren/verpixeln:** Das Stiftsymbol ✎ 7 bietet die Möglichkeit, mit dem Finger auf dem Foto zu malen. Tippen Sie zunächst auf einen Bereich der eingeblendeten Farbleiste zur Farbwahl. Wollen Sie z. B. ein Gesicht verpixeln, tippen Sie auf den Mosaik-Modus 8.
- **Änderung rückgängig machen:** Änderungen am Foto nehmen Sie durch Antippen von ↶ 9 schrittweise zurück.
- **Bearbeitetes Foto versenden:** Sind Sie zufrieden mit dem Ergebnis, können Sie noch eine Bildunterschrift eingeben und das Bild dann mit *Senden* ➤ verschicken.

Die Veränderungen, die Sie hier vornehmen, werden nicht in der Originaldatei gespeichert. Das ursprüngliche Bild steht auf Ihrem Smartphone auch weiterhin zur Verfügung.

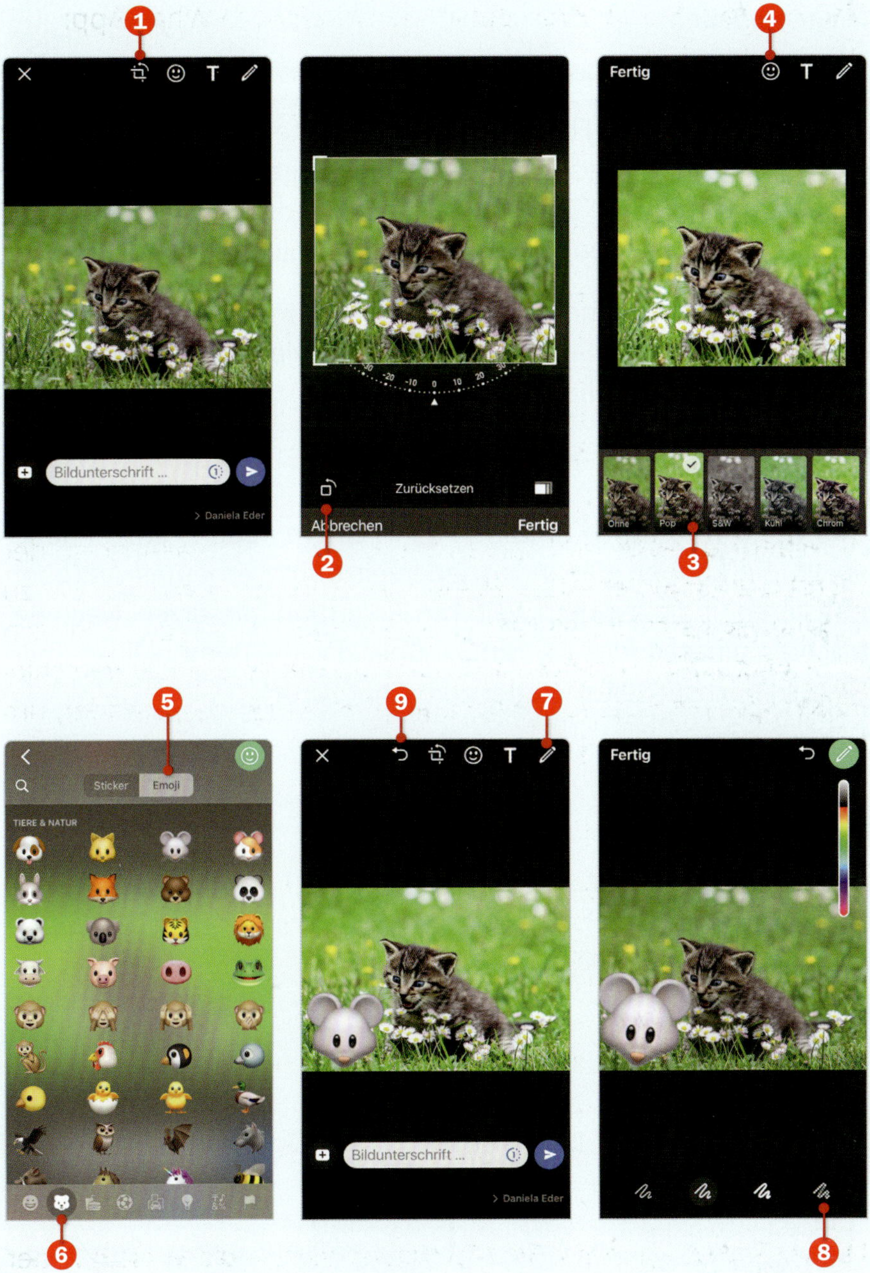
1
Bildunterschrift ...
> Daniela Eder
Zurücksetzen
Abbrechen
Fertig
2
4
Fertig
Ohne
Pop
S&W
Kühl
Chrom
3
5
Sticker
Emoji
TIERE & NATUR
6
9
7
Bildunterschrift ...
> Daniela Eder
Fertig
8

Medien erhalten

Fotos anzeigen

Zum Betrachten der Fotos ist das Chatfenster meist ausreichend. Durch Antippen eines Bildes wird dieses gesondert dargestellt. Erhalten Sie mehrere Bilder auf einmal, werden diese zusammengefasst, davon ausgenommen sind Fotos mit Bildunterschrift.

Tippen Sie die Zusammenstellung 1 an, um die Fotos der Reihe nach zu betrachten. Sie verlassen die Einzelansicht wieder durch Anklicken des Pfeils links 2 oben.

Video abspielen

Das Video wird durch Antippen 3 in einem neuen Fenster abgespielt. Sie können das Video jederzeit durch erneutes Antippen pausieren und mit einem weiteren Fingertipp fortsetzen. Nach Betrachten eines Videos kehren Sie über das Pfeilsymbol links oben 4 (Bild nächste Seite) wieder zum Chat zurück.

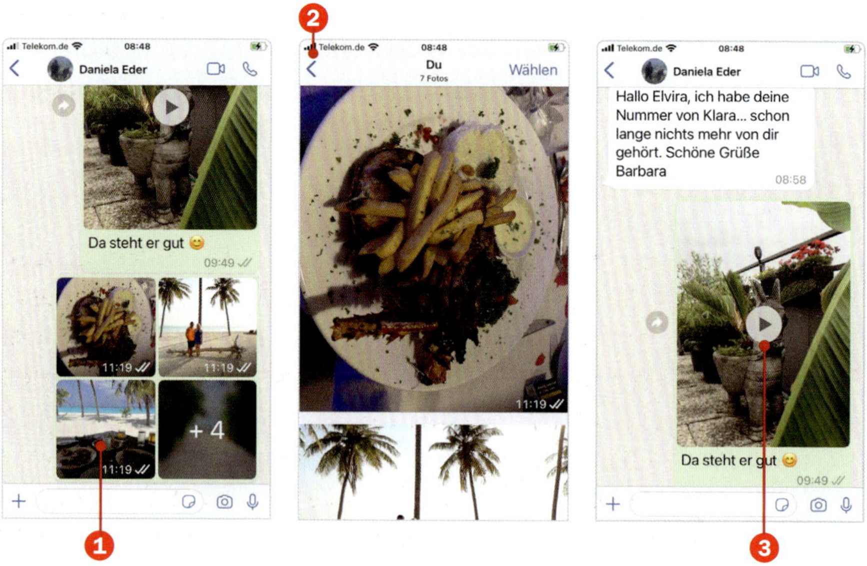

Zugesandte Fotos und Videos sind auf Ihrem Smartphone gespeichert und können in der App ***Fotos*** angezeigt werden. Hierfür wird automatisch ein neues ***Album*** 5 erstellt: ***WhatsApp*** 6. Natürlich reihen sich die Fotos/Videos auch in die Gesamtübersicht unter ***Mediathek*** 7 ein. Sie können die Anzeige von WhatsApp Fotos und Videos in der Fotos-App allerdings unterbinden (dazu mehr auf Seite 172).

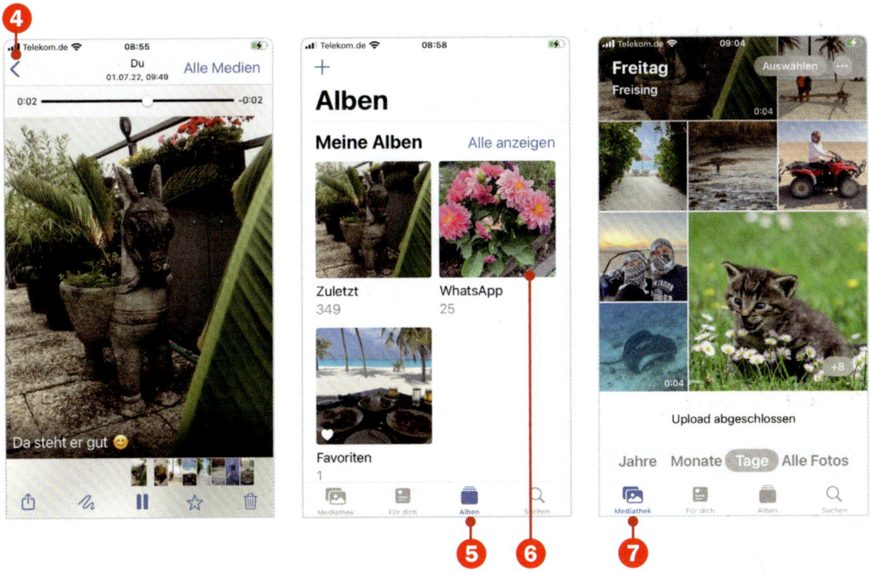

Download starten

Fotos und Videos müssen unter Umständen heruntergeladen werden. Ob der Download (d. h. das Übertragen und Speichern der Daten auf Ihrem Smartphone) automatisch geschieht oder Sie tätig werden müssen, hängt von zwei Faktoren ab: Ihren Einstellungen bei WhatsApp (dazu mehr auf Seite 190) und ob Sie mit einem WLAN verbunden sind. Wenn Sie gerade **nicht** mit einem WLAN verbunden sind, sollten Sie zur Schonung Ihres Datenvolumens darauf verzichten, viele Fotos oder Videos herunterzuladen.

Den Download starten Sie durch Antippen 8. In der Mitte des Bildes bzw. Videos sehen Sie den Download-Fortschritt.

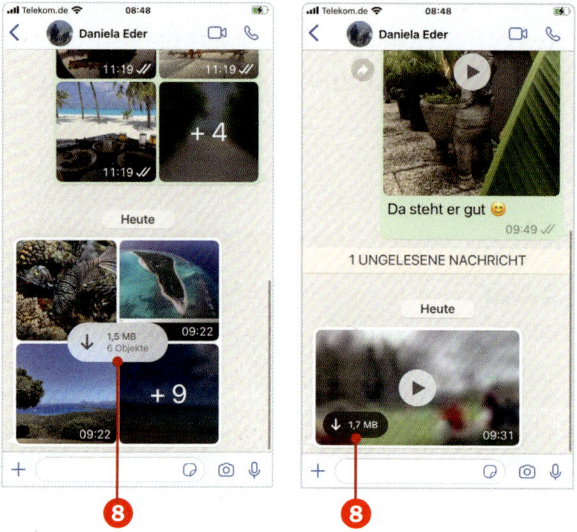

Sprachnachrichten austauschen

Gesprochene Nachricht versenden

Wer nicht gerne tippt, dem empfehle ich die Aufnahme einer gesprochenen Nachricht.

Mit der Aufnahmetaste rechts neben dem Nachrichtenfeld können Sie Sprachnachrichten aufnehmen und sofort versenden. Beim ersten Verwenden dieser Funktion müssen Sie ***Zulassen***, dass WhatsApp Audioaufnahmen macht.

- **Aufnahme starten:** Zum Aufnehmen halten Sie die Aufnahmetaste gedrückt und sprechen Ihre Nachricht. Sobald Sie die Taste loslassen, wird die Nachricht sofort versendet.

- **Aufnahme verwerfen:** Falls Sie während des Sprechens entscheiden, die Sprachnachricht nicht zu versenden, halten Sie die Aufnahmetaste weiterhin gedrückt und wischen nach links. Das Löschen wird durch eine Animation symbolisiert, während das rote Mikrofon im Mülleimer verschwindet.

- **Mehr Bequemlichkeit:** Bei längeren Nachrichten ist es angenehmer, die Aufnahmetaste zu sperren; dadurch muss sie nicht die ganze Zeit gehalten werden.
  - Tippen Sie dazu auf die Aufnahmetaste und ziehen Sie diese nach oben 1.
  - Wenn Sie fertig sind, tippen Sie zum Versenden der Nachricht auf .
  - Falls Sie die Nachricht nicht übermitteln möchten, tippen Sie auf ***Löschen*** 2.
  - Die Aufnahme der Nachricht kann mit 3 auch pausiert werden. Mit 4 setzen Sie die Aufnahme fort.
  - Wenn Sie vor dem Versenden die Nachricht gern nochmals anhören möchten, dann pausieren Sie die Aufnahme und spielen die Sprachnachricht durch Antippen von 5 ab.

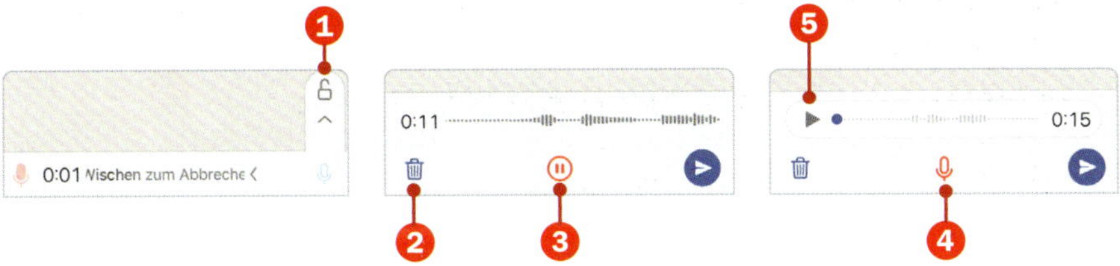

Sprachnachricht erhalten und abspielen

Die Sprachnachricht zeigt das Profilbild ❶ des Absenders.

- Zum Abspielen tippen Sie auf ▶, mit **II** pausieren Sie und setzen mit einem weiteren Antippen die Wiedergabe fort.

Aber Achtung: Alle Umstehenden hören mit. Hier hilft ein kleiner Trick, wenn Sie das nicht möchten: Starten Sie die Wiedergabe und halten Sie dann das Telefon ans Ohr, als würden Sie telefonieren. Dadurch wird die Nachricht nur auf dem oberen Lautsprecher übertragen.

Wiedergabe von Sprachnachrichten beschleunigen: Gerade bei Sprachnachrichten gilt für manche nicht der Grundsatz „in der Kürze liegt die Würze“, sondern sie versenden Sprachnachrichten in epischer Länge. Hier hilft die beschleunigte Wiedergabe mit eineinhalbfacher oder doppelter Geschwindigkeit. Der Absender klingt dann ein wenig wie Mickey Mouse.

- Nach dem Start der Sprachnachricht tippen Sie auf ***1x*** ❷. Die Geschwindigkeit wechselt zu ***1,5x***, nach einem nochmaligen Antippen zu ***2x*** und dann wieder zu ***1x***.

Aufnahmen außerhalb des Chats abspielen: Gerade bei längeren Sprachnachrichten ist es sinnvoll, während des Zuhörens noch etwas anderes zu erledigen.

- Starten Sie die Wiedergabe und wechseln Sie dann zu einem anderen Chat.
- In WhatsApp wird die Sprachnachricht oben angezeigt. Hier können Sie die Wiedergabe pausieren oder mit ***x*** ❸ das Abspielen beenden und die Leiste wieder ausblenden.
- Sie können aber auch eine andere App aufrufen, dadurch wird die Wiedergabe ebenfalls nicht unterbrochen.

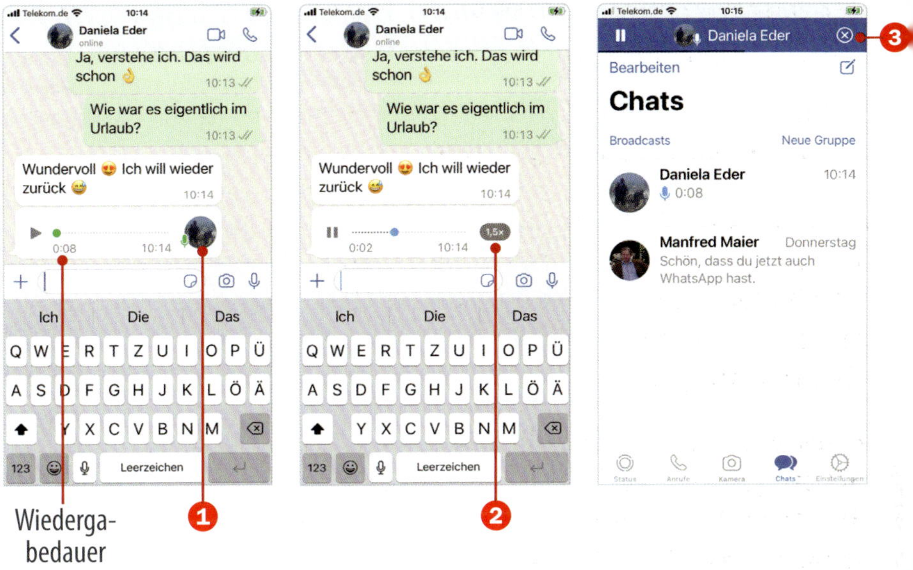

Dokumente versenden und erhalten

Mit WhatsApp versenden Sie schnell ein PDF, ein Word-Dokument, eine Excel-Arbeitsmappe etc. Dazu muss die Datei auf Ihrem Smartphone gespeichert sein.

- Wählen Sie den Kontakt aus, dem Sie eine Datei schicken möchten, und tippen Sie neben dem Nachrichtenfeld auf + und dann auf ***Dokument***.
- Sie erhalten eine Aufstellung aller auf dem Smartphone gespeicherten Dokumente. Die Liste kann alphabetisch bzw. nach Datum sortiert werden, tippen Sie auf ⋯ 1, um die Sortierung auszuwählen. Zusammen mit der Datei wird auch die Dateigröße angezeigt.
- Wählen Sie die Datei durch Antippen aus und bestätigen Sie mit ***Senden*** 2. Bei großen Dateien kann der Upload durchaus

etwas Zeit in Anspruch nehmen. Der blaue Kreis neben der Nachricht gibt Auskunft über den Übertragungsfortschritt.

Dokumente öffnen am Beispiel eines PDFs

Zur Anzeige des Inhalts übersandter Word- und Excel-Dateien oder PDFs sind die entsprechenden Apps auf Ihrem Smartphone installiert.

- Tippen Sie das PDF 3 im Chat an.
- Streichen Sie vertikal über das Display, um durch das PDF zu blättern. Durch das Auseinanderziehen zweier Finger auf dem Bildschirm vergrößern Sie die Anzeige des PDFs. Ziehen Sie die Finger zusammen, um die Anzeige wieder zu verkleinern.
- Durch Antippen des Pfeils links oben, kehren Sie zu WhatsApp zurück.

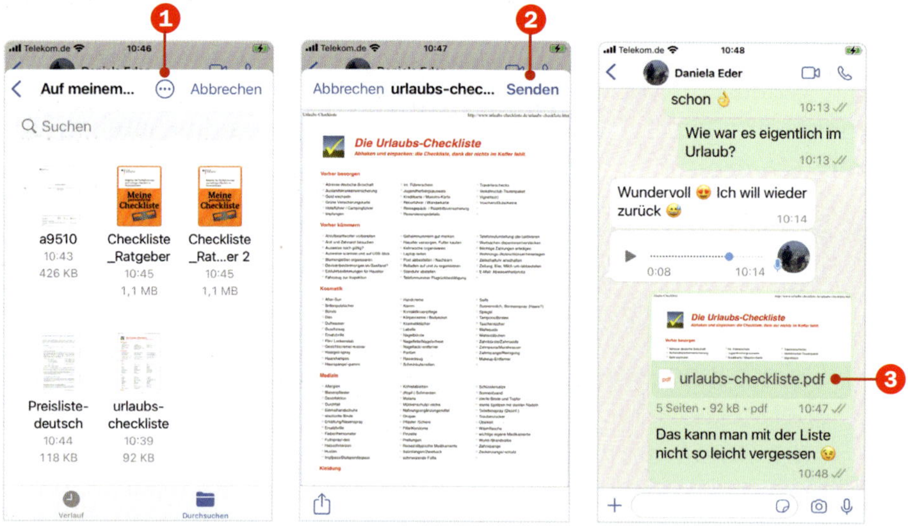

2.4 Telefonnummer weiterleiten oder einscannen

Kontaktdaten Dritter austauschen

Telefonnummer versenden

Telefonnummern, E-Mail-Adressen oder postalische Adressen Ihrer Freunde speichern Sie in der App ***Kontakte*** auf dem Smartphone. Diese Daten können Sie via WhatsApp versenden. Und so geht's:

- Zeigen Sie den Chat mit der Person an, an die Sie eine Telefonnummer etc. senden möchten.
- Tippen Sie auf das + neben dem Nachrichtenfeld und wählen ***Kontakt*** 1 aus.
- Wählen Sie den gewünschten Kontakt aus. Dieser wird dann oben angezeigt; falls Sie versehentlich den falschen Kontakt ausgewählt haben, tippen Sie auf das ***x*** 2. Tippen Sie dann auf ***Fertig*** 3.
- Im nächsten Schritt entscheiden Sie, welche Kontaktdaten versendet werden sollen. Deaktivieren Sie ggf. die Auswahl der Information durch Antippen der entsprechenden Häkchen 4.
- Tippen Sie dann auf ***Senden*** ➤.
- Im Chatfenster wird der versendete Kontakt angezeigt. Durch Antippen des Namens können Sie nochmals anzeigen, welche Informationen Sie übermittelt haben.

Kontaktdaten erhalten

Beim Empfänger wird der Name des Kontakts im Chatfenster angezeigt. Unter Umständen fehlt das Profilfoto. Dies hängt von den WhatsApp-Einstellungen des Kontakts ab. Um die Kontaktdaten im Adressbuch zu speichern, gehen Sie so vor:

- Tippen Sie auf ***Sichern*** 5 und entscheiden Sie, ob Sie einen vorhandenen Kontakt ergänzen oder einen neuen erstellen 6 möchten.
- Tippen Sie auf ***Sichern*** 7, um die neuen Kontaktdaten in der App Kontakte zu hinterlegen.
- Wird beim übersandten Kontakt ***Einladen*** angezeigt, ist diese Nummer nicht bei WhatsApp gelistet, d. h. dass diese Person WhatsApp bis jetzt nicht nutzt.

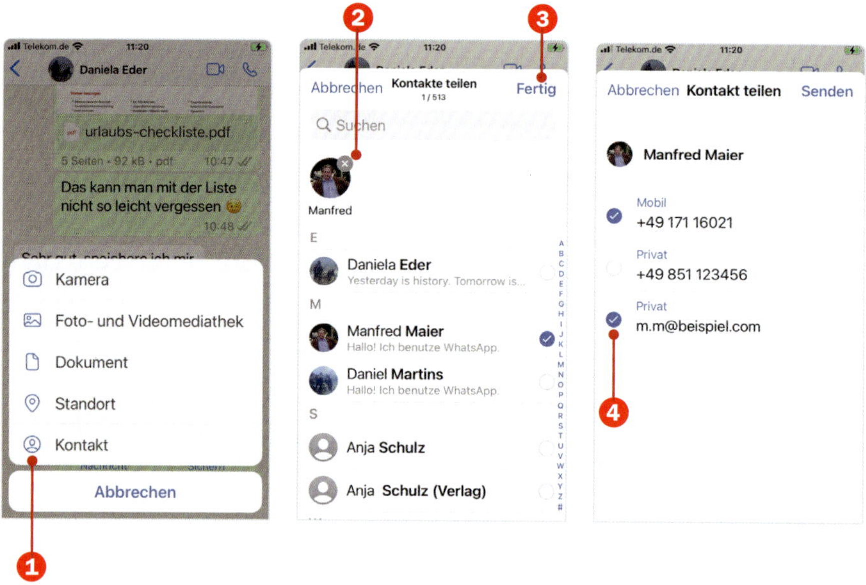

Telekom.de
11:24
Daniela Eder
online
0:08
Die Urlaubs-Checkliste
urlaubs-checkliste.pdf
5 Seiten · 92 kB · pdf
10:47
Das kann man mit der Liste nicht so leicht vergessen
10:48
Hast du eigentlich die neue Nummer von Manfred?
11:24
Manfred Maier
11:24
Nachricht
Sichern
5

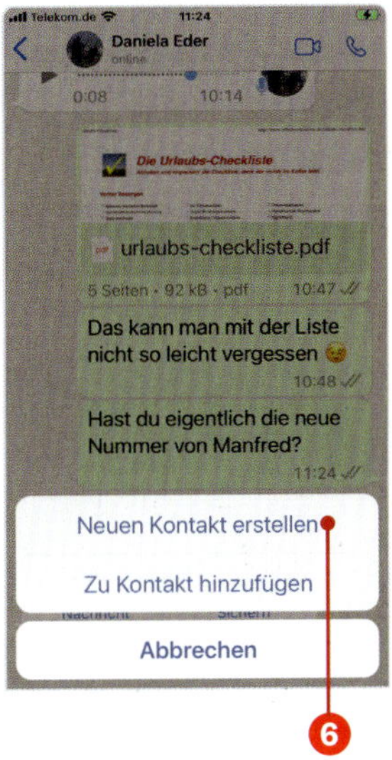
Telekom.de
11:24
Daniela Eder
online
0:08
10:14
Die Urlaubs-Checkliste
urlaubs-checkliste.pdf
5 Seiten · 92 kB · pdf
10:47
Das kann man mit der Liste nicht so leicht vergessen
10:48
Hast du eigentlich die neue Nummer von Manfred?
11:24
Neuen Kontakt erstellen
Zu Kontakt hinzufügen
Abbrechen
6

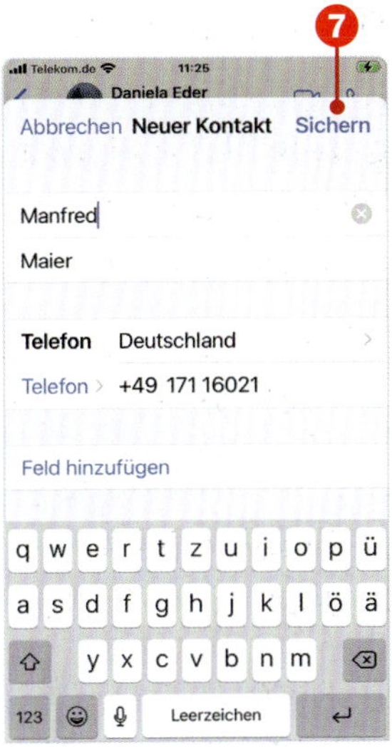
7
Telekom.de
11:25
Daniela Eder
Abbrechen
Neuer Kontakt
Sichern
Manfred
Maier
Telefon
Deutschland
Telefon
+49 171 16021
Feld hinzufügen
q w e r t z u i o p ü
a s d f g h j k l ö ä
y x c v b n m
123
Leerzeichen

Neue Telefonnummer ohne Tippen übernehmen!

Sie haben gerade jemanden kennengelernt und möchten Name und Telefonnummer schnell in WhatsApp speichern. Anstatt die Telefonnummer einzutippen, scannen Sie diese einfach.

1 Zeigen Sie und Ihr neuer Bekannter beide in WhatsApp die Kontaktliste an. Dazu tippen Sie in der Chatübersicht auf (1).

2 Tippen Sie auf ***Neuer Kontakt*** (2) und wischen Sie nach unten zu ***Mit QR-Code hinzufügen*** (3). Unter Umständen müssen Sie den Zugriff auf die Kamera erlauben.

3 Derjenige, der seine Nummer weitergibt, tippt auf ***Mein Code*** (4).

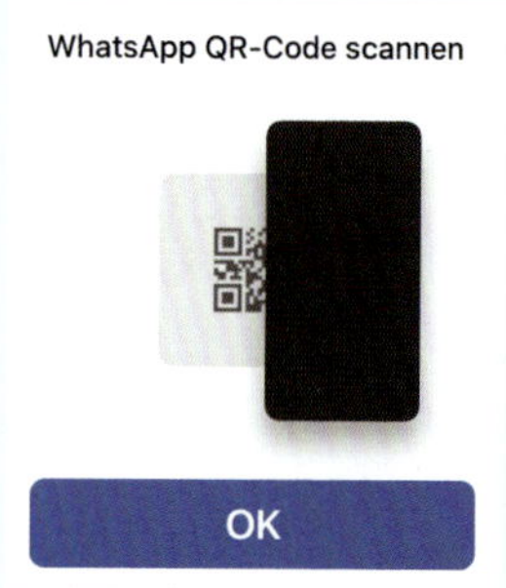

4 Der andere wählt ***Scannen*** (5) aus und hält das Smartphone über das andere Handy. Unter Umständen wird eine Erklärung eingeblendet, tippen Sie in diesem Fall zunächst auf ***OK***.

5 Sobald der Code erfasst wurde, wird die Schaltfläche ***Zu Kontakten*** (6) angezeigt. Tippen Sie diese an. Ein Eingabeformular der App ***Kontakte*** wird aufgerufen, in das bereits der Name und die Telefonnummer eingetragen sind. Tippen Sie auf ***Sichern***.

6 Der Kontakt ist nun in WhatsApp gespeichert. Um mit dieser Person einen Chat zu beginnen, rufen Sie die Kontaktliste erneut auf und tippen Sie dessen eingespeicherten Namen an. Es öffnet sich dann ein neues Chatfenster.

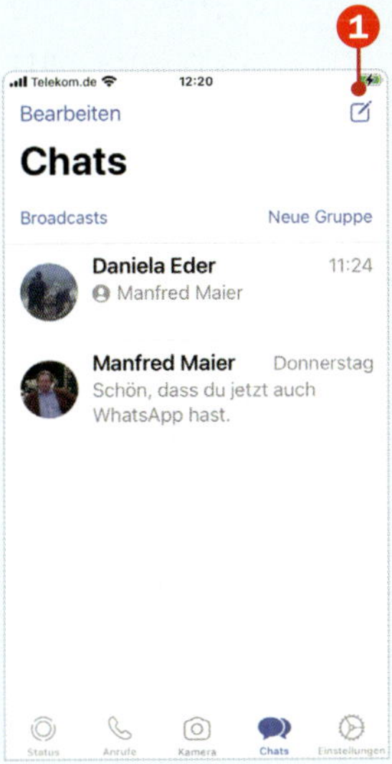
1
Telekom.de 12:20
Bearbeiten
Chats
Broadcasts
Neue Gruppe
Daniela Eder 11:24
Manfred Maier
Manfred Maier Donnerstag
Schön, dass du jetzt auch WhatsApp hast.
Status
Anrufe
Kamera
Chats
Einstellungen

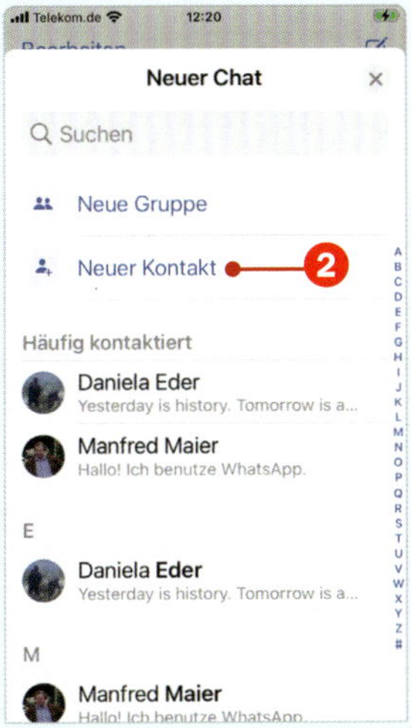
Telekom.de 12:20
Neuer Chat
Suchen
Neue Gruppe
Neuer Kontakt
2
Häufig kontaktiert
Daniela Eder
Yesterday is history. Tomorrow is a...
Manfred Maier
Hallo! Ich benutze WhatsApp.
E
Daniela Eder
Yesterday is history. Tomorrow is a...
M
Manfred Maier

3
Telekom.de 12:20
Abbrechen
Neuer Kontakt
Sichern
Nachname
Telefon
Deutschland
Mobil
+49
Telefon
Feld hinzufügen
Mit QR-Code hinzufügen
1
2 ABC
3 DEF
4 GHI
5 JKL
6 MNO
7 PQRS
8 TUV
9 WXYZ
0

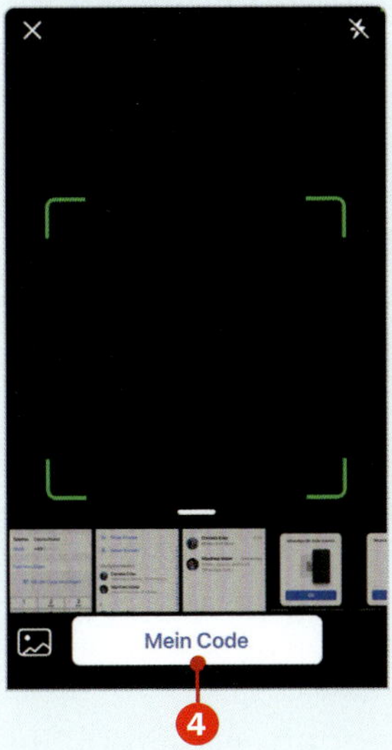
Mein Code
4

Telekom.de 12:21
Zurück
QR-Code
Elvira
WhatsApp Kontakt
Dein QR-Code ist privat. Wenn du ihn mit jemandem teilst, kann diese Person ihn mit ihrer WhatsApp Kamera scannen, um dich als Kontakt hinzuzufügen.
QR-Code zurücksetzen
Scannen
5

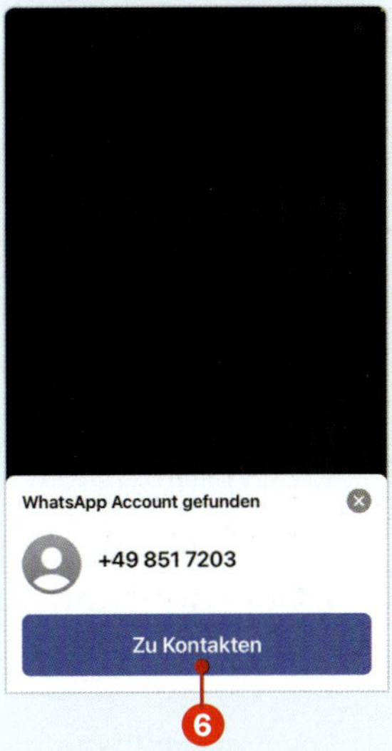
WhatsApp Account gefunden
+49 851 7203
Zu Kontakten
6

2.5 Wo bin ich? Standort verschicken

Sie sitzen in einem Café und Ihr Freund, weiß nicht wo es ist. Dann schicken Sie doch einfach via WhatsApp eine Wegbeschreibung. Um Ihren Standort bestimmen zu können, muss am Smartphone GPS (GPS - Global Positioning System), das System zur Positionsbestimmung, eingeschaltet sein. Diese Funktion wird bei vielen Herstellern einfach als ***Standort*** bezeichnet.

Standortinformation versenden

- Zeigen Sie den WhatsApp-Kontakt an, der erfahren soll, wo Sie sich gerade befinden. Tippen Sie dann neben dem Nachrichtenfeld auf das + und wählen ***Standort*** ❶ aus.
- Erlauben Sie, dass WhatsApp Zugriff auf Ihren Standort erhält. Ohne Vergabe der Berechtigung können Sie die Funktion nicht nutzen. Tippen Sie auf ***Beim Verwenden der App erlauben*** ❷ oder, falls Sie die Funktion nicht oft verwenden, mit ***Einmal erlauben*** ❸.
- **Standortdaten versenden:** Tippen Sie anschließend auf ***Aktuellen Standort senden*** ❹. Alternative: Cafés, Restaurants und andere Geschäfte am oder in der Nähe Ihres Standorts werden ebenfalls angezeigt. Vielleicht ist das Passende dabei, dann können Sie dieses auswählen. Dadurch wird der Firmenname gleich mit übermittelt. Der Standort wird versandt.
- **Aktion abbrechen:** Falls Sie Ihren Standort doch nicht versenden möchten, kehren Sie zum Chat zurück, indem Sie oben links auf ***Abbrechen*** ❺ tippen.
- **Standortermittlung nicht verfügbar:** Unter Umständen erhalten Sie diese Fehlermeldung ❻; in diesem Fall ist die Standortermittlung ausgeschaltet. Durch Antippen von ***Einstellungen*** werden automatisch die Standorteinstellungen Ihres Smartphones aufgerufen und Sie können durch Antippen von ***Standort*** ❼

die Standortermittlung aktivieren, indem Sie *Immer* 8 auswählen. Tippen Sie dann links oben auf den Pfeil, um wieder WhatsApp anzuzeigen.

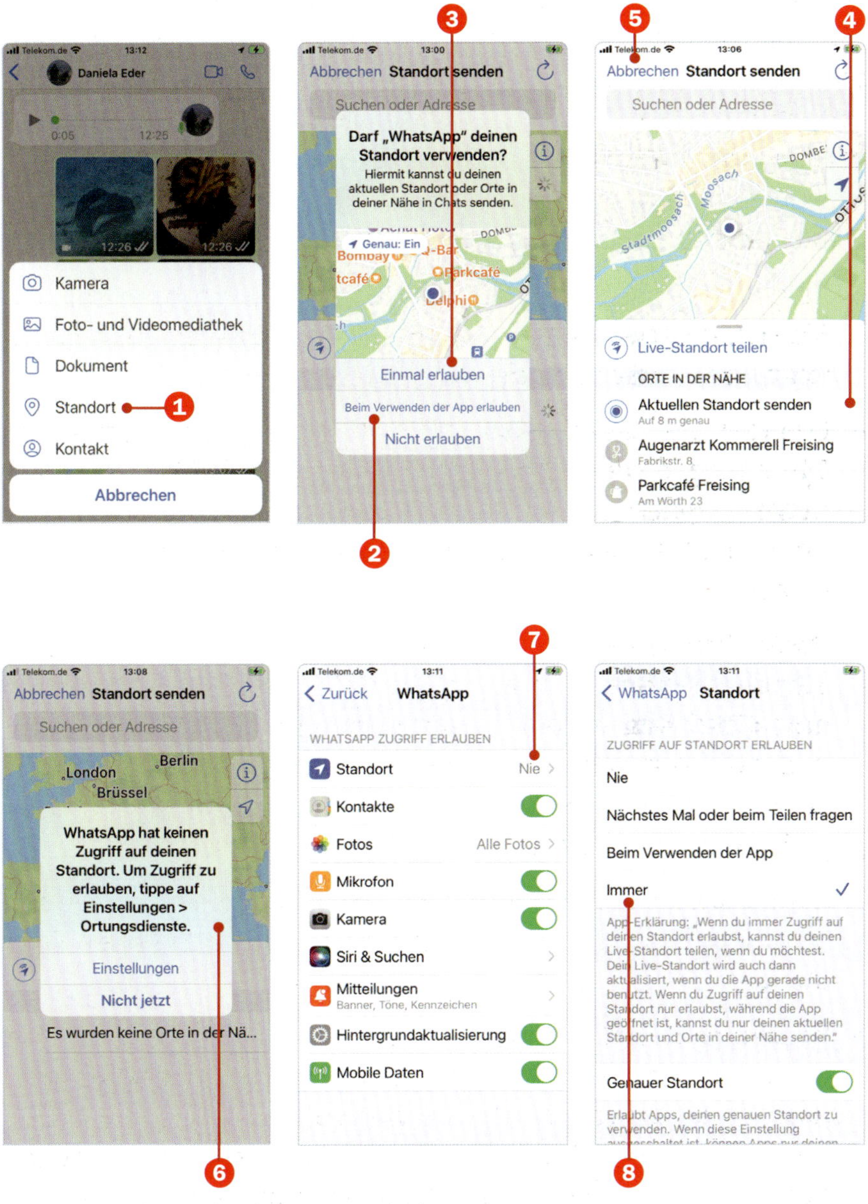

Zum übersandten Treffpunkt navigieren

Wenn Sie eine Standortinformation erhalten haben, können Sie mit der App ***Karten*** zum Treffpunkt navigieren. So geht's:

- Zur Anzeige der Wegbeschreibung tippen Sie die Standortnachricht **1** an.
- Um eine Wegbeschreibung anzuzeigen, tippen Sie auf das Autosymbol neben dem Standort **2**. Wählen Sie dann unten aus, ob Sie zu Fuß **3**, mit dem Fahrrad oder Auto unterwegs sind.
- Die Route zum Treffpunkt wird angezeigt. Zur audiovisuellen Navigation drücken Sie dann unten auf ***LOS*** **4**.

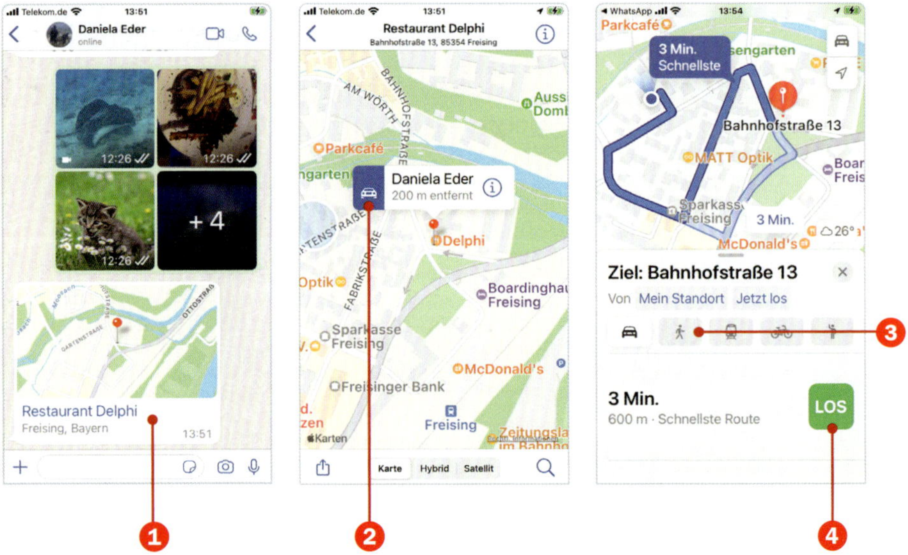

Live-Standort

Im Gegensatz zur einfachen Standortnachricht, die eine ausgewählte Position weitergibt, wird der Live-Standort aktualisiert, d. h. die Freunde, mit denen Sie Ihren Live-Standort teilen, sehen in Echtzeit, wo Sie sich befinden. Ich nutze diese Funktion beispielsweise, wenn ich jemanden besuche oder abhole. Vor der Fahrt aktiviere ich den Live-Standort für die Person. Diese sieht dann, wo ich mich befinde, weiß, dass ich mich verspäte, und kann sich rechtzeitig vor die Tür stellen.

Live-Standort teilen

- Tippen Sie im gewünschten Chat auf + und wählen ***Standort*** aus. Wählen Sie ***Live-Standort teilen*** 1.
- Tippen Sie einen Zeitraum an 2, für den Sie die Information übertragen möchten. Fügen Sie eine kurze Nachricht hinzu und tippen dann auf ***Senden*** ➤.

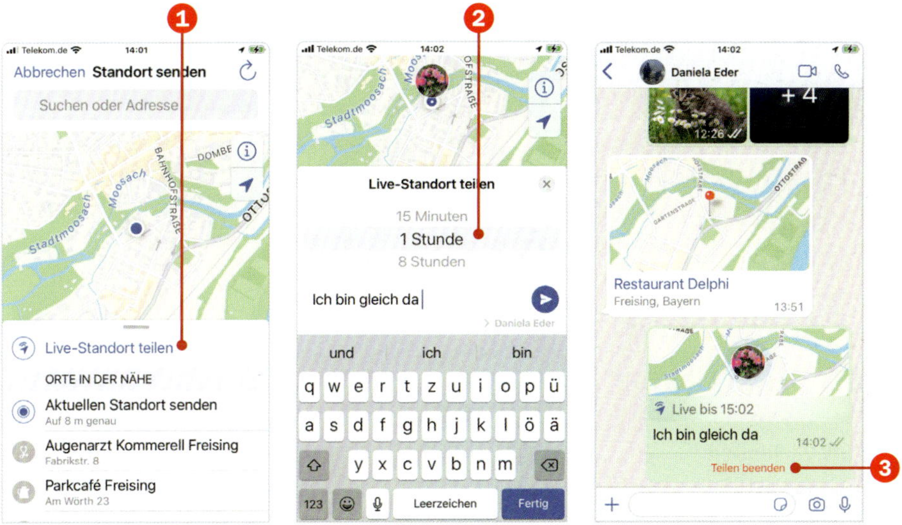

Wenn Sie vor Ablauf der gewählten Zeit die Standortübermittlung beenden möchten, tippen Sie im Chat auf *Teilen beenden* 3.

Jemanden live verfolgen

Als Empfänger eines geteilten Live-Standorts erhalten Sie eine Nachricht im Chat. Tippen Sie hier auf ***Live-Standort ansehen*** ❹, um nachzuvollziehen, wo sich die Person gerade befindet ❺.

2.6 Link zu einer Webseite

Link versenden

Möchten Sie Freunde schnell auf eine interessante Webseite aufmerksam machen, dann gehen Sie so vor:

- Zeigen Sie die Seite im Browser Ihres Smartphones an, der Standardbrowser ist ***Safari***, und tippen Sie unten auf ⇧ ❶.

Wenn Sie auf einer Webseite, z. B. bei einem Rezept oder Zeitungsartikel, ein Symbol dieser Art entdecken, können Sie die Information über WhatsApp teilen.

- Wenn Sie öfter diesem Freund schreiben, wird der WhatsApp-Kontakt vielleicht schon oben angezeigt, sonst tippen Sie auf ***WhatsApp*** 2, wählen den Kontakt im nächsten Schritt aus 3 und bestätigen mit ***Weiter*** 4.
- Versenden Sie den Link im Anschluss mit ***Senden***.

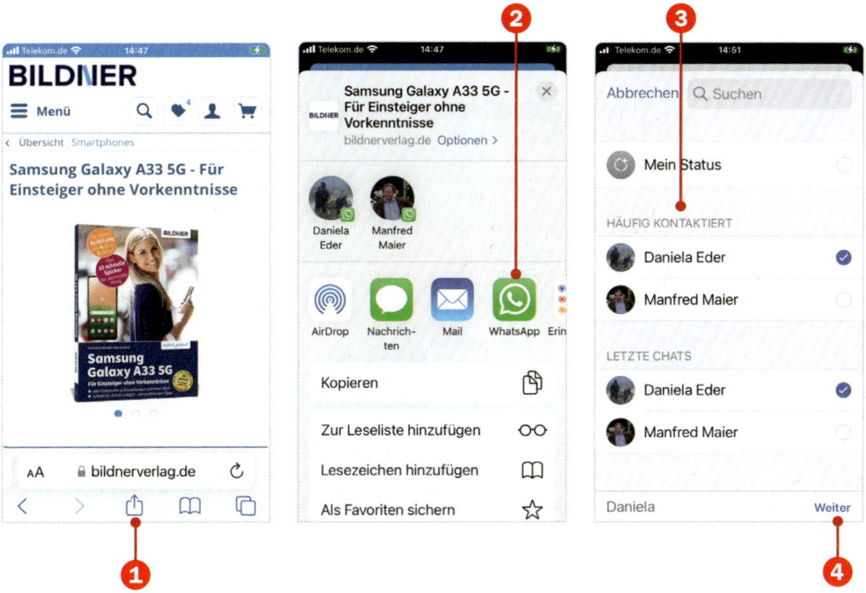

Link erhalten

Der Empfänger der Nachricht kann nun durch Antippen des Links 5 ganz leicht die betreffende Seite an seinem Smartphone anzeigen. Achtung! Links in Nachrichten von fremden Absendern sollten Sie vorsichtshalber nicht anklicken.

Link zu Videos

Auch YouTube- (Facebook- oder Instragam-) Videos 6 können auf die gleiche Weise geteilt werden. Wenn Sie im Chat einen Link zu einem Video erhalten haben, zeigen Sie das Video durch Antippen an.

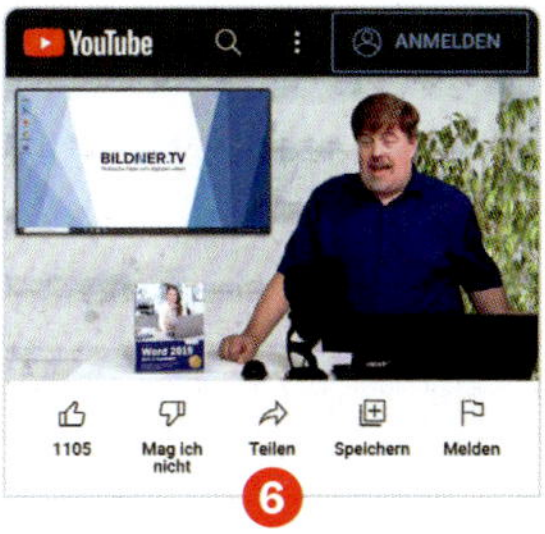

Das Video kann entweder im Vollbild 7 oder im Bild-im-Bild-Modus 8 angezeigt werden. Dabei wird das Video verkleinert über dem Chat abgespielt und Sie können während des Betrachtens beispielsweise noch eine Nachricht schreiben. Welcher Modus ausgewählt ist, ist abhängig von den Einstellungen am Smartphone. Mit 9 wechseln Sie zwischen den Modi, mit 10 schließen Sie das Fenster.

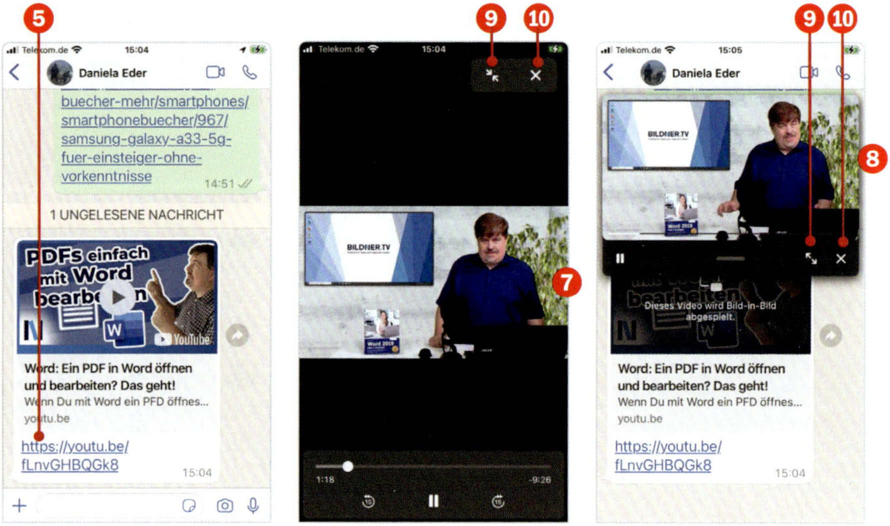

Kapitel 03

Text & Emojis

Das erwartet Sie hier!

- Erfahren Sie alles, was es über die Tastatureingabe zu wissen gibt: wie Sie Großbuchstaben eintippen, wo sich das ß versteckt, aber auch wie Sie die Eingabe vereinfachen und beschleunigen können.
- Neben der Nutzung von Wortvorschlägen können Sie lange Texte auch diktieren. Und manchmal sagt ein Emoji mehr als tausend Worte.

Emojis sind Bildsymbole, die mit gelben Gesichtern - den Smileys - Gefühle ausdrücken, aber auch eine Vielzahl anderer Icons beinhalten, die einfach ein Tier oder einen Gegenstand abbilden. Vor der Einführung der Bildsymbole wurden die Gesichtsausdrücke aus Tastaturzeichen zusammengestellt, wie z. B. :-) für ein lachendes Gesicht. Diese Zeichenfolgen nennt man auch Emoticons, ein Schachtelwort zusammengesetzt aus Emotion (Gefühl) und Icon (Symbol). Einige Programme wandeln die Emoticons nach der Eingabe automatisch in einen Smiley um. Übrigens war der erste lachende Smiley nicht auf einem Bildschirm zu sehen, sondern auf einem Ansteckbutton.

Dieses Kapitel ist für diejenigen unter Ihnen, die noch nicht so viel Text am Smartphone eingegeben haben. Wenn Sie schon einige SMS und E-Mails am Handy versendet haben, finden Sie hier wahrscheinlich nicht viel Neues. Dann überspringen Sie das Kapitel einfach.

3.1 Die Bildschirmtastatur genauer betrachtet

Leider sieht die Tastatur nicht auf jedem Handy gleich aus und auch die Bedienung ist nicht identisch. Layout und Handhabung sind abhängig von den iPhone-Modellen und vom installierten iOS-Betriebssystem. Aus diesem Grund sind Abweichungen möglich. Selbst auf dem Smartphone variiert die Darstellung der Tastatur leicht, je nach verwendeter App. Dazu kommt, dass der Nutzer das Tastaturlayout auch anpassen kann. Unten sehen Sie die Tastatur in WhatsApp auf einem iPhone 11 und iPhone 7:

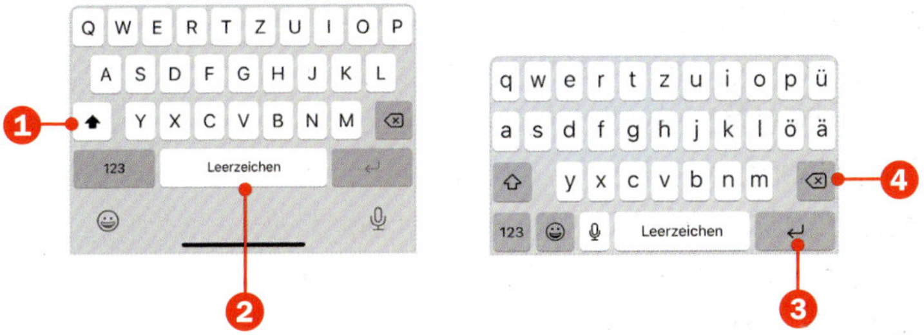

Groß- und Kleinschreibung

Wenn Sie in das Nachrichtenfeld von WhatsApp tippen, wird der erste Buchstabe immer als Großbuchstabe eingegeben. Gleiches gilt für die Schreibung nach einem Punkt. Das ist standardmäßig so eingestellt, kann aber deaktiviert werden. Für weitere Großbuchstaben müssen Sie tätig werden.

- Einmaliges Antippen der Umschalttaste 1 aktiviert die Großschreibung. Der folgende Buchstabe wird groß geschrieben, danach wird die Großschreibung automatisch deaktiviert. Die Farbe bzw. Füllung der Umschalttaste zeigt an, ob Klein- oder Großschreibung aktiv ist. Man erkennt das auch an der Darstellung der Buchstaben auf den Tasten.

Kleinschreibung | Großbuchstabe | Großschreibung

- Zur dauerhaften Eingabe von Großbuchstaben tippen zweimal auf die Umschalttaste. Dadurch wird die Taste mit einem Unterstrich angezeigt. Nochmaliges Antippen „entsperrt“ die Taste wieder.

Leerzeichen, Zeilenschaltung und Zeichen löschen

Die Texteingabe findet immer am Cursor (blinkender senkrechter Strich) statt.

- Um zwischen zwei Worten ein Leerzeichen einzugeben, tippen Sie auf die Leertaste **2**.
- Mithilfe der Zeilenschaltung **3** wechseln Sie in eine neue Zeile. WhatsApp kann allerdings auch so eingestellt sein, dass dadurch die Nachricht versendet wird.
- Tippen Sie zum Löschen einzelner Buchstaben kurz auf die Löschentaste **4**. Um einen längeren Textabschnitt zu löschen, bleiben Sie auf der Taste. Sofern ein Wort automatisch korrigiert wurde, kann mit der Löschentaste die Autokorrektur rückgängig gemacht werden. Um einen Buchstaben im Text zu löschen, müssen Sie den Cursor versetzen. Tippen Sie dazu an die gewünschte Stelle im Text. Das ist manchmal ein wenig schwierig und bedarf vielleicht einiger Wiederholungen.

Leerzeichen

Neue Zeile

Löschentaste

Umlaute und andere Buchstaben

Werden auf der Tastatur keine Umlaute angezeigt, so erhalten Sie ein ***Ä*** durch längeres Drücken von ***A***, ein ***Ü*** durch längeres Drücken von ***U***, ein ***Ö*** durch Drücken von ***O***. Wenn das Auswahlmenü **5** angezeigt wird, ist ein Zeichen markiert. Dieses Zeichen wird eingefügt, wenn Sie den Finger vom Bildschirm nehmen. Möchten Sie ein anderes Zeichen auswählen, bleiben Sie mit dem Finger auf dem Display und bewegen diesen in Richtung des gewünschten Zeichens; steht dieses beispielsweise links von der aktuellen Auswahl, bewegen Sie den Finger nach links. Sie müssen nicht das Zeichen antippen, sondern nur die Auswahl verschieben. Wenn das Zeichen markiert ist, nehmen Sie den Finger vom Display. Auf diese Weise finden Sie durch längeres Drücken der Taste ***S*** auch das ***ß***.

Auf diese Weise erhalten Sie weitere Buchstaben und Zeichen, wie das spanische ñ beim ***N***, die französische Ligatur œ beim ***A*** und natürlich alle Buchstaben mit Akzent.

Satzzeichen, Zahlen und mehr

Für vollständige Sätze braucht man Punkt, Komma, andere Satzzeichen und Symbole, z. B. ?, @ oder #. Diese finden Sie durch Umschalten auf die Zeichentastatur. Hier sind auch die Zahlen für die Tastaturlayouts, die die Zahlenreihe nicht als festen Bestandteil am oberen Rand anzeigen.

Benötigen Sie noch weitere Zeichen, schalten Sie auf die zweite Seite um. Zur Anzeige der Buchstabentastatur tippen Sie auf ABC.

Zeichen & Zahlen	Weitere Zeichen	Buchstaben anzeigen
123	#+=	ABC

Texterkennung und Autokorrektur

Über der Tastatur befindet sich standardmäßig eine weitere Leiste. Sobald Text eingegeben wird, wechselt die Anzeige zur Texterkennung und Sie erhalten Wortvorschläge zur aktuellen Eingabe ❶.

Vorschläge auswählen

- Worte, die die automatische Texterkennung oberhalb der Tastatur vorschlägt, können durch Antippen übernommen werden. So kürzen Sie die Eingabe langer Worte ab, wie in unserem Beispiel beim Eintippen von „großartig“ ❷.
- Erscheinen Worte in einem hellgrauen Feld ❸, können diese durch Drücken der Leertaste eingefügt werden. Wer einfach nur ein Leerzeichen eingeben und dabei das ursprünglich eingetippte Wort behalten möchte, der findet dieses ebenfalls auf der Vorschlagleiste und kann es dort auswählen.
- Sie erhalten auf Grundlage des bereits eingegebenen Texts passende Vorschläge für das nächste Wort. Manchmal kann man Wort für Wort einen ganzen Satz übernehmen.
- Automatische Korrekturen können mit der Löschentaste ❹ rückgängig gemacht werden. Falsch geschriebene oder nicht im Wörterbuch enthaltene Begriffe werden farbig unterstrichen.

Wichtig! Viele der beschriebenen Tastaturfunktionen können in den Tastatureinstellungen verändert werden und sind dann an Ihrem Smartphone vielleicht gerade nicht aktiv oder sehen etwas anders aus. Bleiben Sie mit dem Finger etwas länger auf dem Smiley-Symbol 😀 5 und tippen Sie auf *Tastatureinstellungen*.

Tastatur ausblenden: Sie können jederzeit die Tastatur ausblenden, um beispielsweise eine Nachricht weiter oben im Chat noch lesen zu können. Dazu tippen Sie in die Mitte des Bildschirms und wischen nach unten.

Bitte zum Diktat!

Bitten Sie zum Diktat und sparen Sie sich das lästige Eintippen. Mit der Spracheingabe können Sie eine Nachricht schnell diktieren. Sprechen Sie einfach den gewünschten Text in das Mikrofon des Smartphones und dieser wird automatisch ins Nachrichtenfeld von WhatsApp eingetragen. Für die Nutzung wird eine aktive Verbindung zum Internet benötigt. Das Handy muss also mit einem WLAN oder mobilen Datennetz verbunden sein.

Spracheingabe	Sprachnachrichten
	Verwechseln Sie die Spracheingabetaste auf der Tastatur nicht mit der Aufnahmetaste für Sprachnachrichten, die sich neben dem Nachrichtenfeld befindet.

Spracheingabe starten

- Tippen Sie auf das Spracheingabesymbol ❶, dargestellt durch ein Mikrofon im unteren Bereich der Tastatur.
- Um die Spracheingabe nutzen zu können, tippen Sie im nächsten Fenster auf ***Diktierfunktion aktivieren*** ❷.
- Aus Datenschutzgründen sollten Sie Apple nicht erlauben, Ihre Audioaufnahmen zu speichern und zu prüfen, tippen Sie deswegen als Nächstes auf ***Später*** ❸.

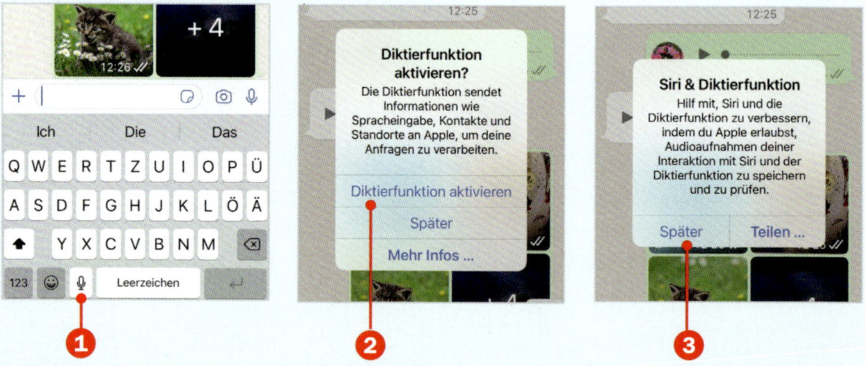

- Alles, was Sie jetzt sagen, wird in das Nachrichtenfeld geschrieben. Sie können auch Satzzeichen wie „Punkt“ oder „Fragezeichen“ diktieren.

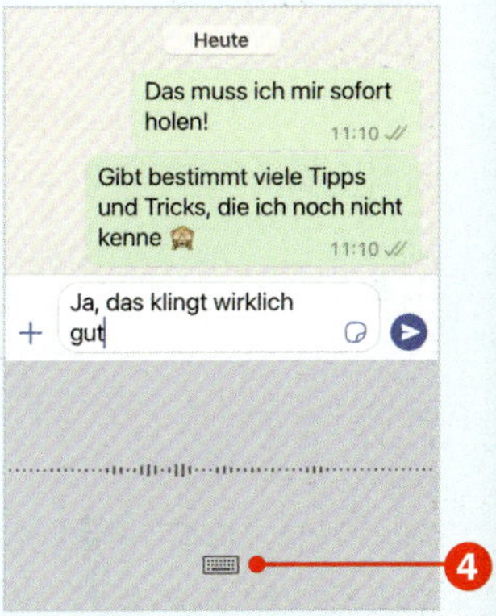

- Zum Löschen einzelner Worte, brechen Sie die Aufnahme durch Drücken von 4 ab und verwenden die Löschentaste.

- Zur Anzeige der Tastatur tippen Sie auf das Tastatursymbol 4. Sie können natürlich auch nachträglich noch Text korrigieren. Versetzen Sie dazu durch Antippen einfach den Cursor und löschen Sie Inhalte oder fügen Sie Worte ein. Lesen Sie den Text vor dem Versenden, manchmal werden diktierte Satzzeichen ausgeschrieben oder Teile einfach falsch verstanden.

- Wenn man doch einmal versendet hat, ohne den Text durchzulesen, behilft man sich schnell mit einer Berichtigung 5.

3.2 Emojis einfügen

Emojis, wie lachende Gesichter oder Bilder von Gegenständen, sind aus der heutigen schriftlichen Kommunikation kaum noch wegzudenken. Mit ihnen drückt man Gefühle 😘 aus und ersetzt geschriebene Worte, z. B. „Ich esse gerade 🍰".

Seit Ende 2017 verwendet WhatsApp ein eigenes Design für Emojis. Jahr für Jahr kommen Neue hinzu. Im Frühjahr 2022 erhielten Smartphones mit iOS 15.4 ein Emoji-Update mit neuen Gesichtern, darunter das zerfließende Gesicht 🫠 , einige neue Handzeichen, beispielsweise das selbsterklärende 🫶, nützliche neue Symbole wie 🪫 (Akku fast leer) und ein paar, auf die vielleicht nicht sehnsüchtig gewartet wurde, wie 🫘 (Kidneybohnen), 🪸 (Koralle) und 🫧 (Seifenblasen). Emojis werden automatisch über ein WhatsApp-Update erweitert. Falls für Ihr Smartphone die neuen Emojis noch nicht verfügbar sind, eine Nachricht an Sie aber ein neues Zeichen enthält, dann wird dieses durch ein Fragezeichen-Symbol dargestellt.

Am Ende des Buchs finden Sie eine Liste häufig verwendeter Emojis und was diese ausdrücken sollen. Jedoch ist es nicht immer möglich, eine eindeutige Bedeutung festzulegen. Emojis haben zwar eine feststehende Bezeichnung und damit einen Sinn, doch wird die Darstellung von Nutzern missinterpretiert oder durch einen anderen kulturellen Hintergrund anders verwendet.

Dazu eine kleine Geschichte: Ich habe einmal folgende Nachricht erhalten: "Ich gehe zum Bäcker 💩 holen. Magst Du auch?" Eigentlich wurde ich gefragt, ob man mir einen Kackhaufen mitbringen soll; vom Schreiber war die Süßigkeit Granatsplitter gemeint. Bei der Interpretation eines Emojis sollte man also immer den Kontext und das schreibende Gegenüber einbeziehen.

Emoji verschicken

- Tippen Sie unten auf der Tastatur auf ☺, um die verfügbaren Emojis anzuzeigen. Durch Antippen fügen Sie das Emoji an der Cursorposition ein.
- Die Emojis sind in mehrere Kategorien unterteilt, die Sie durch Antippen anzeigen. Sie können auch horizontal über das Display streichen, um zu wechseln. Der erste Bereich 🕘 (***Oft benutzt***) enthält die in letzter Zeit verwendeten Grafiken.

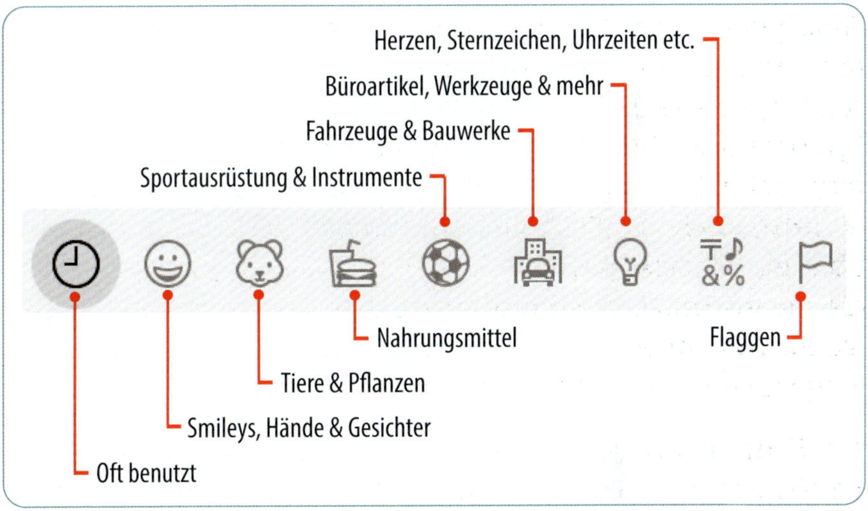

- Links neben der Kategorie ***Oft benutzt*** finden Sie die Memojis. Dabei handelt es sich um Emojis, die Sie selbst erstellen und an Ihr Aussehen angleichen können.
- Innerhalb der einzelnen Kategorie können Sie durch horizontales Wischen weitere Emojis anzeigen.

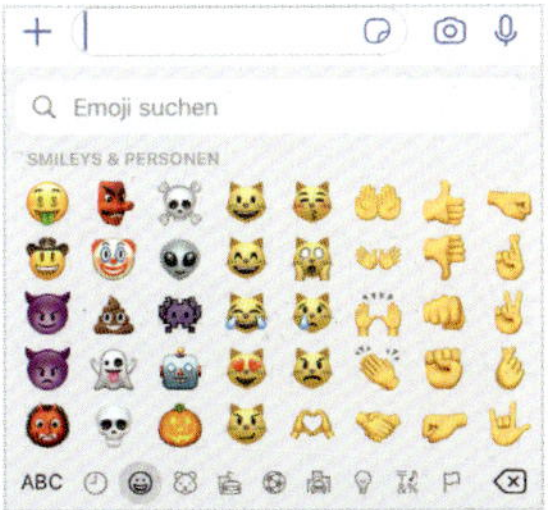

Die Kategorie Smileys & Personen beginnt mit einfachen Smileys, gefolgt von einer Gruppe Handzeichen und endet mit Kleidungsstücken.

- **Emoji entfernen:** Emojis löschen Sie wie Text mit der Löschentaste ⌫ (1). Diese befindet sich unten rechts.
- **Zur Texteingabe zurückkehren:** Durch Antippen von ABC (2) links unten zeigen Sie wieder die Bildschirmtastatur an.
- Anstelle von Wortvorschlägen können auch Vorschläge für Emojis auf der Leiste oberhalb der Tastatur angezeigt werden. Wenn Sie diese (3) auswählen, wird das getippte Wort durch das Bild ersetzt.

Emojis personalisieren

Einige Emojis, wie Hände und Gesichter, können in verschiedenen Farben verwendet werden.

Wenn Sie eines dieser Emojis zum allerersten Mal antippen, erhalten Sie einen Hinweis auf die Handhabung. Bestätigen Sie in diesem Fall mit ***Ok, verstanden***.

- Bei der ersten Verwendung eines Emojis wird dieses in verschiedenen Farbvarianten (1) angeboten. Treffen Sie eine Wahl durch Antippen. Das Emoji wird in das Nachrichtenfeld eingefügt und das Symbol in der Auswahl ab jetzt in der gewählten Farbe (2) angezeigt und eingefügt.

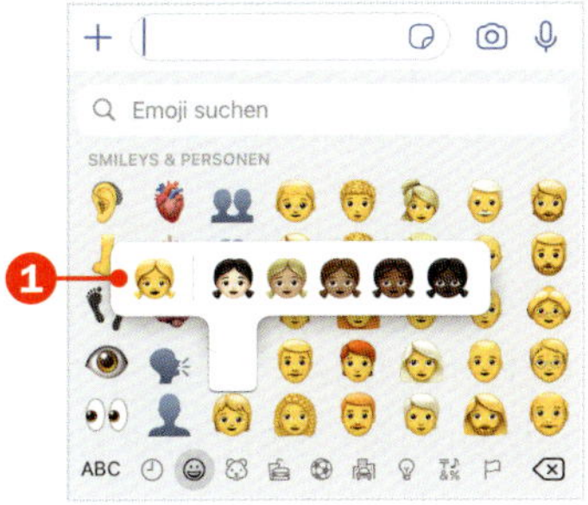

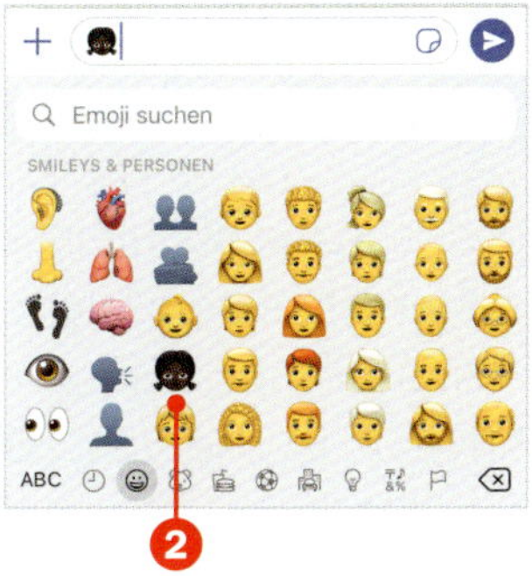

- Es gibt auch eine Reihe an Pärchen-Emojis. Auch hier kann die Zusammenstellung mit Haut- und Haarfarbe angepasst werden. Im Beispiel unten wurde ein weibliches Pärchen ausgewählt, durch Antippen bestimmen Sie jetzt das Aussehen der linken 3 und der rechten Person. Das Pärchen wird dann in der neuen Kombination 4 angezeigt. Tippen Sie diese an, um sie in das Nachrichtenfeld einzufügen.

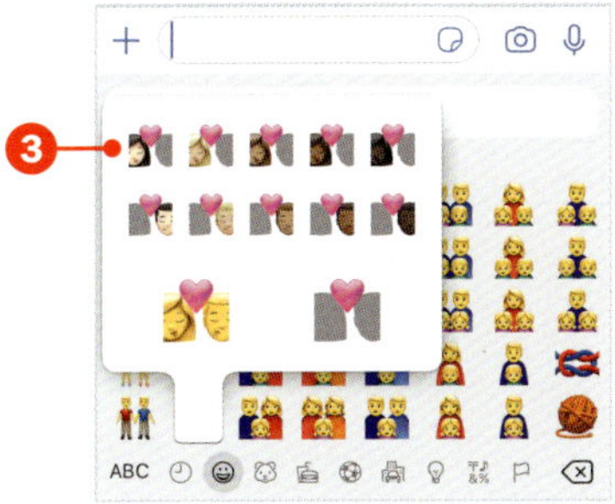

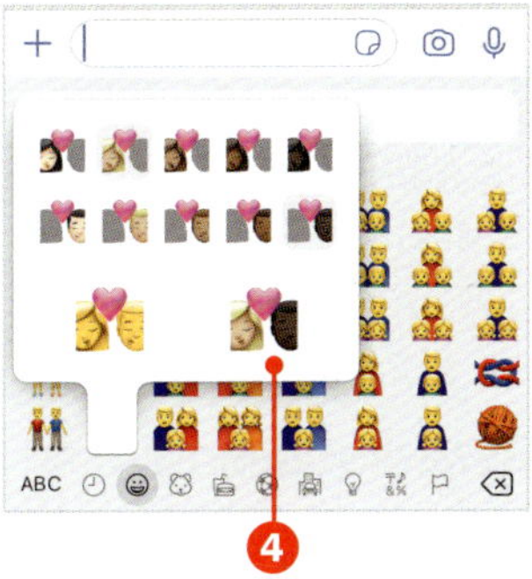

- Wenn Sie nachträglich die Farbe wechseln möchten, drücken Sie etwas länger auf das Zeichen, um die Varianten erneut anzuzeigen.

Nach Emojis suchen

Sie können ein Emoji nicht finden? Dann suchen Sie danach:

- Tippen Sie in die Suchleiste neben dem Lupensymbol 1 an und geben Sie einen Suchbegriff ein. Das kann natürlich etwas Gegenständliches sein wie „Kuchen“ oder „Berg“, aber auch Adjektive, z. B. „nervös“. Die passenden Symbole und Emojis werden zur Auswahl angeboten und können durch Antippen eingefügt werden.
- Mit 2 löschen Sie den Suchbegriff wieder.
- Wenn Sie die Suche verlassen möchten, dann tippen Sie auf der Tastatur rechts unten auf 3.

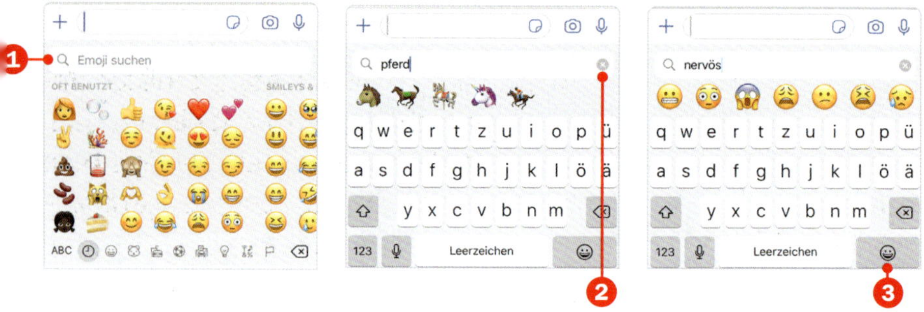

Emojis als Nachrichtenreaktion

Eigentlich ist alles gesagt, dennoch möchte man nochmals kurz reagieren, einfach um zu sagen „Ja, ich hab's gesehen“. Dafür wurde die Nachrichtenreaktion in Form von Emojis erfunden.

- Tippen Sie etwas länger auf die Nachricht; eine Auswahl an Emojis wird angezeigt. Wählen Sie eines aus. Dieses wird sofort versendet und direkt bei der Nachricht angezeigt.

- Der Empfänger erhält die üblichen Benachrichtigungen und sieht das Reaktionsemoji ebenfalls bei der Nachricht.

Bedeutung von links nach rechts:
Gefällt mir
Liebe
Lachendes Gesicht
Überrascht
Traurig
Danke

Wenn Sie auf + tippen, können Sie auf alle anderen Emojis zugreifen.

Diese Art der Reaktion erfreut sich in vielen Apps größter Beliebtheit. Obwohl man ja auch einfach als Nachricht einen „Daumen hoch“ schicken könnte, hat die Nachrichtenreaktion eine andere Qualität. Sie signalisiert, dass dieses Gespräch jetzt abgeschlossen ist.

Die Nachrichtenreaktion ist selbstverständlich nicht auf eine Textnachricht beschränkt; Sie können auch auf Fotos oder Sprachnachrichten reagieren. Bei Fotos, die zu einem automatischen Album zusammengefasst wurden, müssen Sie dieses zunächst öffnen, dann können Sie für eines der Bilder eine Reaktion auswählen. Diese wird dann am automatischen Album angezeigt. Auch der Empfänger muss das Album öffnen, um zu sehen, auf welches Bild Sie reagiert haben.

3.3 Bewegte Bilder und Sticker verschicken

Neben den Emojis stellt WhatsApp eine Reihe von animierten GIF-Bildern zur Verfügung. Dabei handelt es sich um kurze Bildsequenzen, die fortlaufend wiederholt werden und so den Eindruck eines bewegten Fotos erzeugen, z. B. ein klatschender Mann.

- **GIF versenden:** Tippen Sie im Nachrichtenfeld auf und wählen dann GIF 1 aus. Über das Suchensymbol 2 können Sie nach bestimmten Inhalten suchen 3. Wählen Sie eine Datei durch Antippen aus. Optional können Sie diese durch eine Nachricht ergänzen. Tippen Sie dann auf ***Senden***.
- **GIF erhalten:** Zum Betrachten des GIFs tippen Sie im Chat auf das Bild 4. Zum Stoppen der Bildsequenz streichen Sie kurz vertikal über das Display.

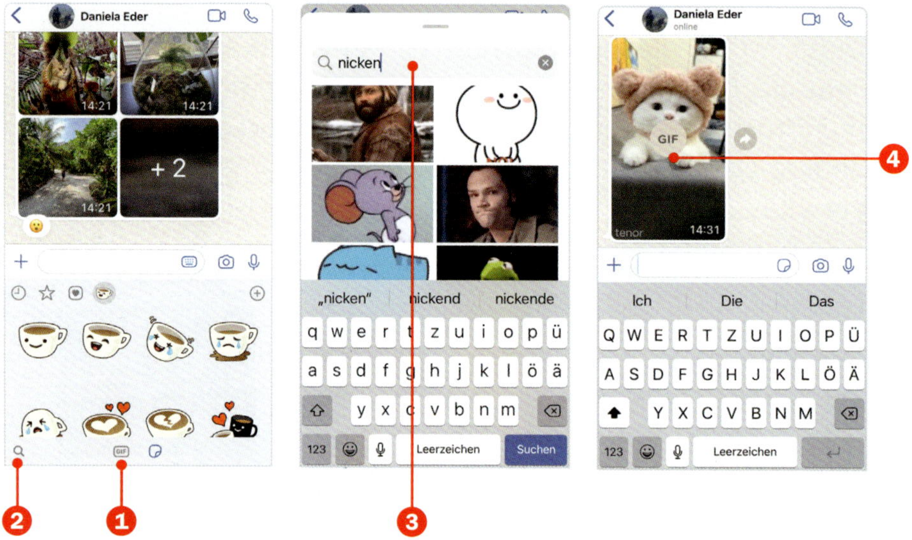

In der letzten Kategorie finden Sie Sticker. Dabei handelt es sich ebenfalls um kleine Bilder ähnlich der Emojis. Diese werden allerdings nach Auswahl sofort versendet und können nicht mit Text verschickt werden.

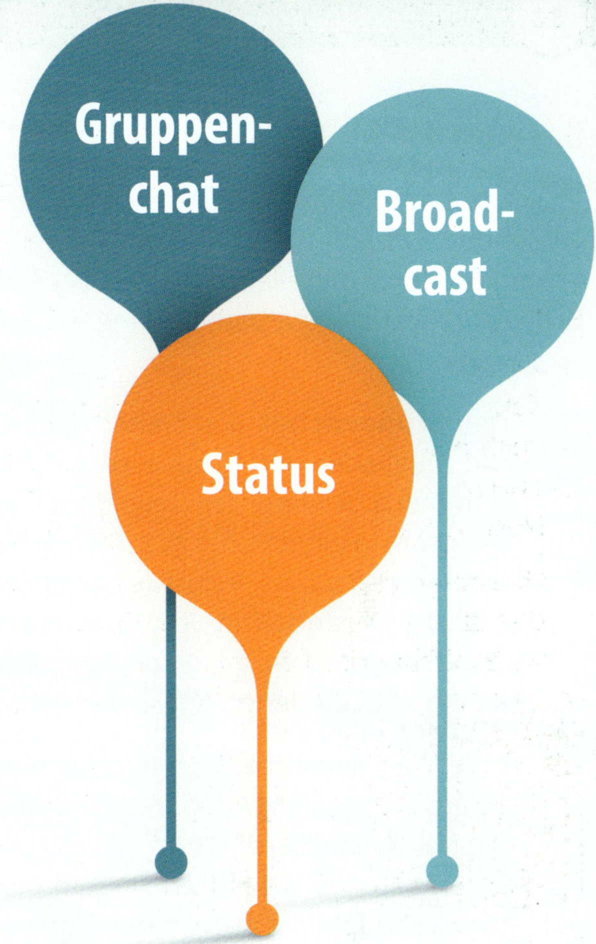

Kapitel 04

Freunde schnell informieren

Das erwartet Sie hier!

Bis jetzt haben Sie erfahren, wie Sie Nachrichten an eine Person versenden. Oft gibt es aber Informationen, die man gleich mehreren Freunden mitteilen möchte. Hier kommen Gruppenchat, Broadcast und die Statusmitteilung ins Spiel. Das sind die Unterschiede:

- Der **Gruppenchat** dient eher einem dauerhaften Zweck. Die Mitglieder der Gruppe sehen zumindest die Telefonnummern der anderen Teilnehmer und tauschen sich gemeinsam in einem Chat aus. Beliebt sind alle Arten von Verwandtschaftschats, schnelle Informationen, Foto-Updates und die Organisation von Familientreffen. Für den Gruppenchat gibt es viele Einstellungsmöglichkeiten, um diesen an die verschiedenen Anwendungsbereiche anzupassen.

- Mit einem **Broadcast** senden Sie eine Nachricht an einen ausgesuchten Personenkreis. Bei den Empfängern landet die Nachricht allerdings im Einzelchat; es sieht also für den Freund so aus, als hätten Sie ihm persönlich geschrieben. Dadurch sieht er auch keine anderen Telefonnummern. Diese Anonymität der anderen Empfänger ist oft der Grund, warum der Broadcast verwendet wird.

- Im **Status** teilen Sie Fotos oder kurze Texte mit Ihren Freunden. Hier soll niemand im Besonderen informiert werden, es geht mehr darum, ein tolles Bild, ein lustiges Video oder einen schönen Spruch an die weiterzugeben, die es gerade interessiert. Auf eine Statusmeldung erwartet man keine Antwort. Die Meldung wird 24 Stunden lang angezeigt, dann verschwindet sie automatisch.

4.1 Nachrichten in einer Gruppe austauschen

WhatsApp bietet die Möglichkeit, Kontakte zu einer Gruppe zusammenzufassen und Nachrichten auszutauschen, z. B. zur Koordination von Fahrgemeinschaften, um zu entscheiden, wer was zu einer Grillparty mitbringt, oder um alle Großeltern mit den besten Bildern der Enkel zu begeistern. Mit einem Gruppenchat erhalten alle Teilnehmer schnell alle Nachrichten und Fotos und antworten automatisch auch allen. Sie können bis zu 512 Personen in einem Gruppenchat zusammenfassen.

Gruppe zusammenstellen

Einen Gruppenchat erstellen

- Zeigen Sie den Bereich ***Chats*** an und wählen Sie oben rechts ***Neue Gruppe*** aus ❶.
- Fügen Sie der Gruppe zunächst Teilnehmer hinzu. Dazu tippen Sie in der angezeigten Kontaktliste jeden gewünschten Teilnehmer an. Die aufgenommenen Personen werden oben aufgeführt. Durch Antippen von ***x*** ❷ kann ein versehentlich hinzugefügter Freund wieder entfernt werden.
- Tippen Sie dann auf ***Weiter*** und geben Sie einen Namen für die Gruppe ein. Dieser darf 25 Zeichen lang sein.
- Zur Auswahl eines Gruppenbilds tippen Sie auf das Kamerasymbol ❸: Hier können Sie über die App ***Fotos*** ein Bild auf Ihrem Smartphone auswählen, mit ***Foto aufnehmen*** schnell ein Foto knipsen oder unter ***Emoji und Sticker*** ❹ schnell ein Bildsymbol auswählen. Passend zum Emoji können Sie auch die Hintergrundfarbe ❺ ändern.
- Tippen Sie dann auf ***Erstellen***.

- Im letzten Bild sehen Sie den Gruppenchat, wie er beim Initiator angezeigt wird. Zum Gruppenchat „Zillertal" gehören die Teilnehmer Daniel, Daniela, Manfred und Du **6**. Sie können jetzt Ihre erste Nachricht eingeben **7**.

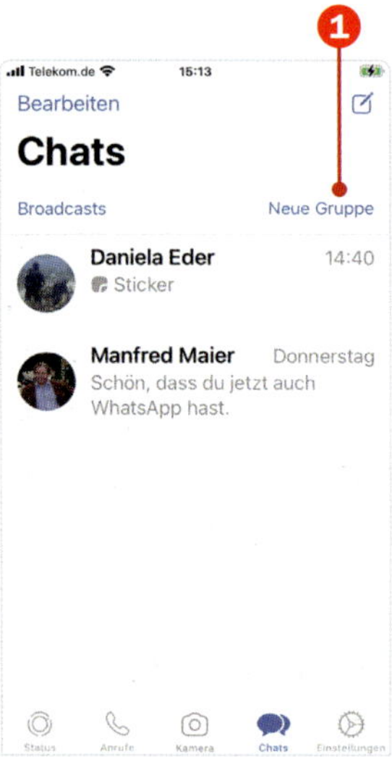

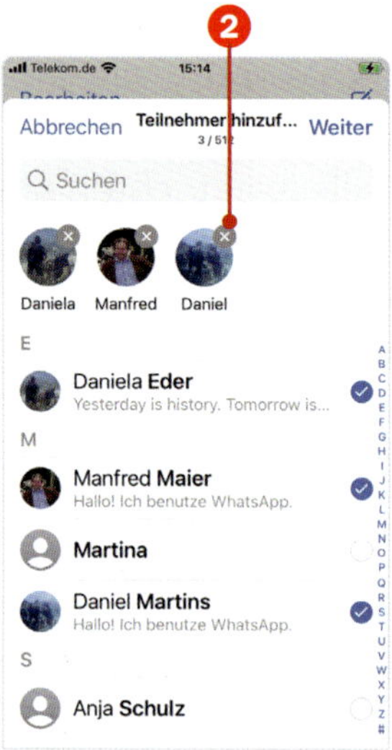

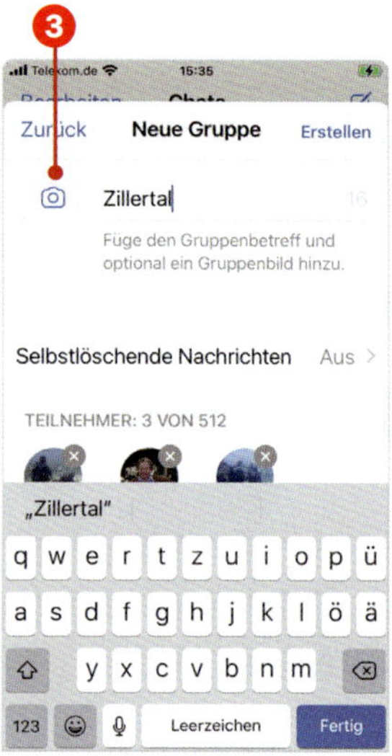

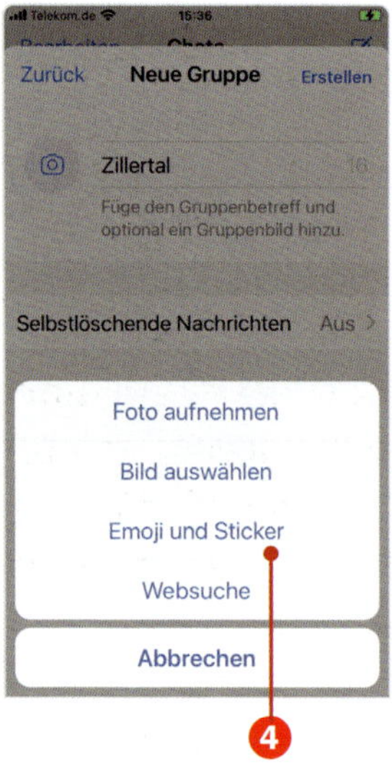

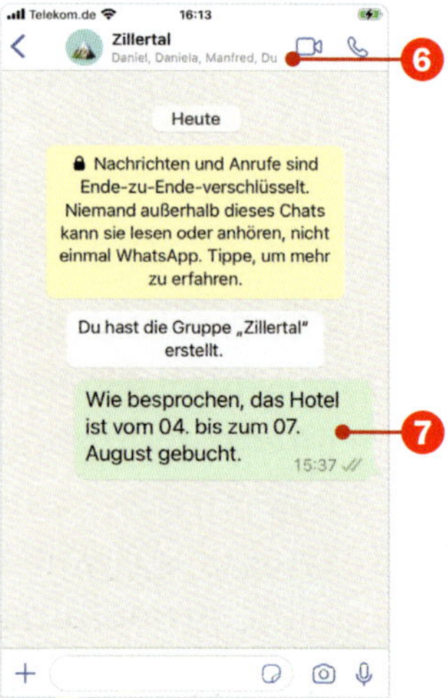

Gruppenchat anzeigen

Für die eingeladenen Teilnehmer und natürlich auch den Ersteller der Gruppe wird der Gruppenchat automatisch im Bereich ***Chats*** 8 angezeigt und kann durch Antippen geöffnet werden. Sie verlassen den Chat wie üblich durch Antippen des Pfeils 9 links oben.

- Wurden Sie von jemandem zu einem Gruppenchat hinzugefügt, dessen Telefonnummer nicht in Ihrer App ***Kontakte*** hinterlegt ist, erhalten Sie die Option ***Gruppe verlassen*** 10. Sollten Sie die Person kennen und in der Gruppe bleiben möchten, blenden Sie den Bereich durch Auswahl von ***OK*** einfach aus. In diesem Fall würde ich Ihnen raten, die Handynummer der Person auch gleich in Ihrer App ***Kontakte*** zu speichern.

Normalerweise wird man nur zu Gruppen hinzugefügt, für die man auch ein Interesse signalisiert hat. Sollten Bekannte sich nicht an die Regel halten, können Sie festlegen, dass diese Sie nicht zu einer Gruppe hinzufügen dürfen. Wie das geht, lesen Sie in Kapitel 8 auf Seite 185.

- Am oberen Bildschirmrand sehen Sie die Namen 11 der Teilnehmer; bei großen Gruppen natürlich nur einen Teil. Sind hier auch Telefonnummern aufgeführt, sind diese Gruppenmitglieder nicht mit ihrer Nummer in Ihrem Adressbuch gespeichert.
- Das Versenden von Nachrichten, Fotos oder anderen Informationen funktioniert im Gruppenchat genauso wie in den Einzelchats. Oben am Rand der Nachricht wird der Name 12 des Absenders angezeigt. Falls hier nur eine Nummer erscheint, ist die Person noch nicht im Adressbuch gespeichert. Für mehr Übersicht ist es ratsam, bei Gruppen mit längerfristigem Charakter die Teilnehmer, für die eine Telefonnummer angezeigt wird, im Adressbuch zu speichern.

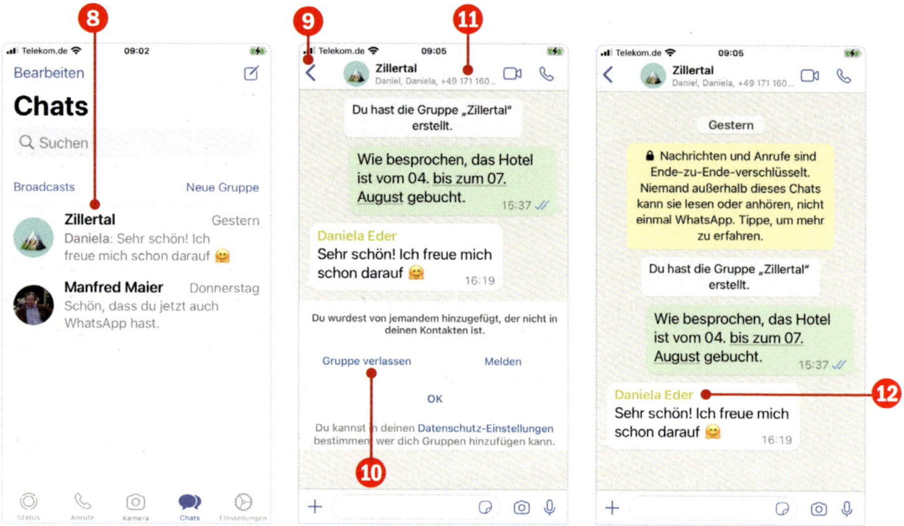

Wichtig! In einem Gruppenchat geben Sie die Telefonnummern der Teilnehmer bekannt. Unter Freunden hat meist sowieso schon jeder die Nummer des anderen und somit stört sich niemand daran. Allerdings ist das nicht immer gewünscht, vor allem, wenn sich die Gruppenmitglieder untereinander nicht kennen. Hier ist es besser, vorher die Zustimmung einzuholen.

Wer ist denn jetzt in der Gruppe?

In der **Gruppeninfo** sind nochmals alle Mitglieder aufgelistet. Darüber hinaus finden Sie hier weitere Einstellungs- und Bearbeitungsoptionen und erhalten eine Übersicht aller ausgetauschten Medien.

- Um die Gruppeninfo einzusehen, zeigen Sie den Gruppenchat an und tippen dann oben auf den Bereich ❶, der den Gruppennamen enthält. Streichen Sie vertikal über den Bildschirm, um alle Informationen durchzusehen.
- Wischen Sie über das Display, um im unteren Bereich zur Anzeige der Gruppenmitglieder ❷ zu gelangen.
- Sie verlassen die Gruppeninfo und zeigen den Chat wieder durch Anklicken des Pfeils ❸ links oben an.

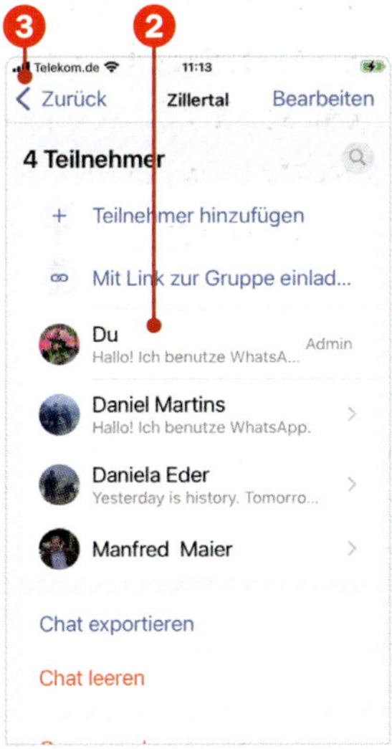

So ergänzen Sie fehlende Telefonnummern

Zur Speicherung der Handynummer eines Gruppenmitglieds in Ihrem Adressbuch gehen Sie so vor:

- Zeigen Sie die Gruppeninfo des Chats an. Scrollen Sie nach unten und tippen Sie auf den Teilnehmer ❶, dessen Nummer Sie hinzufügen möchten.
- Wählen Sie dann ***Info*** ❷ und anschließend ***Neuen Kontakt erstellen*** ❸ (neuer Eintrag). Es öffnet sich ein neues Kontaktformular, die Telefonnummer und ggf. der Name sind bereits hinterlegt. Geben Sie weitere Infos ein und tippen Sie dann auf ***Sichern*** ❹.

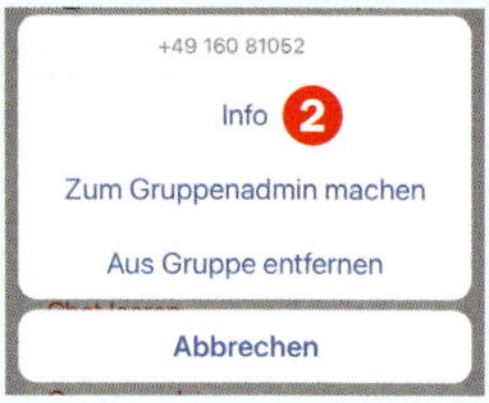

- Sollte der Kontakt schon in Ihrem Adressbuch sein, vielleicht nur mit Festnetznummer, tippen Sie auf ***Zu Kontakt hinzufügen*** ❺ und wählen den Kontakt aus der Liste aus.

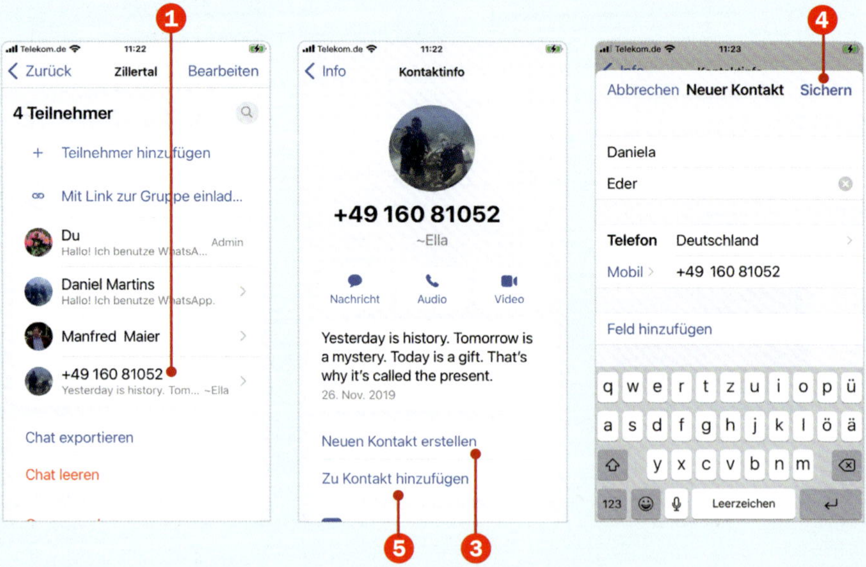

Herrscher der Gruppe: der Gruppenadmin

Jede Gruppe hat mindestens einen Gruppenadministrator (= Gruppenadmin). Dieser ist mit zusätzlichen Bearbeitungsbefugnissen ausgestattet, wie das Hinzufügen und Entfernen von Teilnehmern oder das Festlegen weiterer Administratoren. Gruppenadmin wird automatisch die Person, die den Chat erstellt hat.

Um herauszufinden, wer Gruppenadmin ist, öffnen Sie die ***Gruppeninfo*** und scrollen nach unten, um die Teilnehmer der Gruppe anzuzeigen. Mindestens eine Person hat den Zusatz ***Admin***. Im Beispiel unten sehen Sie die Gruppeninfo derselben Gruppe, einmal die Anzeige des Admins 1 und einmal die Anzeige eines anderen Gruppenmitglieds 2. Der Gruppenadmin verfügt über mehr Rechte, z. B. das Hinzufügen weiterer Teilnehmer 3.

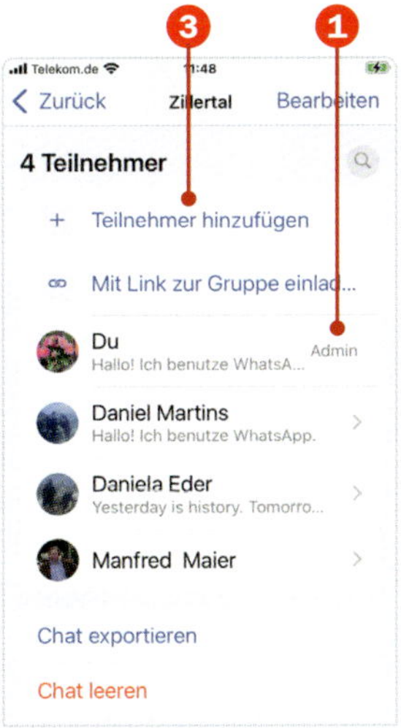

Anzeige beim Ersteller der Gruppe

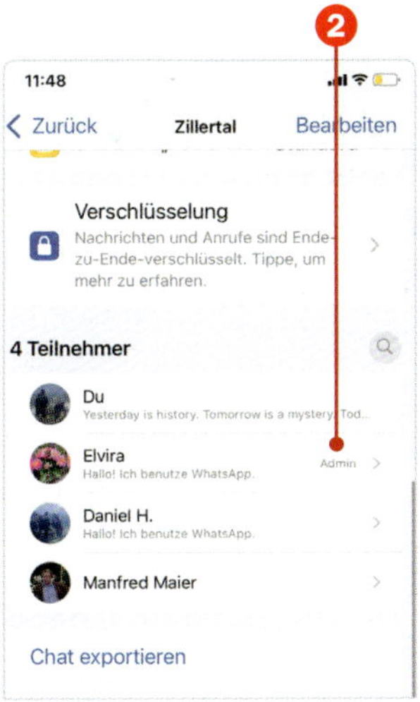

Anzeige bei einem Gruppenmitglied

Weitere Gruppenadministratoren benennen

Als Gruppenadmin steht Ihnen innerhalb der ***Gruppeninfo*** die Option ***Gruppeneinstellungen*** ❹ zur Verfügung. Tippen Sie diese an. Hier können Sie durch Auswahl von ***Gruppenadmins bearbeiten*** ❺ einen oder mehrere Teilnehmer der Gruppe mit Administrationsrechten ausstatten. Tippen Sie die Person ❻, die auch Administrationsrechte erhalten soll, an und bestätigen Sie mit ***Fertig***.

Der neue Administrator hat nun dieselben Rechte wie der Gruppengründer, bis auf zwei kleine Ausnahmen: Er kann dem Ersteller der Gruppe nicht den Adminstatus nehmen, der Initiator den neuen Admins schon. Und der Gruppengründer kann nicht aus der Gruppe entfernt werden.

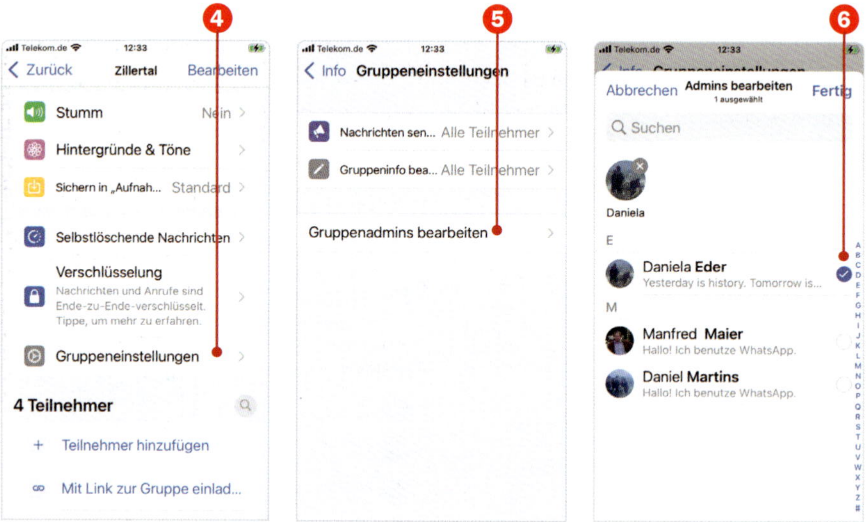

Gruppenadmin wieder entfernen

Rufen Sie auf demselben Weg den Bereich ***Gruppenadmins bearbeiten*** ❺ auf und tippen Sie die Person, der Sie die Administrationsrechte entziehen möchten, an. Bestätigen Sie mit ***Fertig***.

Gruppeninformationen bearbeiten

Zu jeder Gruppe kann eine Beschreibung ❶ hinterlegt werden. Sicherlich kommen die meisten Gruppenchats ohne diese aus. In Gruppen mit vielen Teilnehmern, z. B. einem Vereinschat, kann es sinnvoll sein, wichtige Infos, Ansprechpartner etc. zu hinterlegen.

Gruppenbeschreibung ändern: Tippen Sie in der ***Gruppeninfo*** auf ***Gruppenbeschreibung hinzufügen*** ❷, geben Sie einen Text ein und bestätigen diesen mit ***Sichern***.

Betreff (Gruppenname) und Gruppenbild ändern: Tippen Sie in der ***Gruppeninfo*** rechts oben auf ***Bearbeiten*** ❸ und tippen eine neue Bezeichnung für die Gruppe ein. Bestätigen Sie mit ***Fertig***.

Zum Ändern des Bilds tippen Sie in der ***Gruppeninfo*** wieder rechts oben auf ***Bearbeiten*** und anschließend auf das Bild ❹ bzw. den Platzhalter und wählen dann das passende ❺ aus.

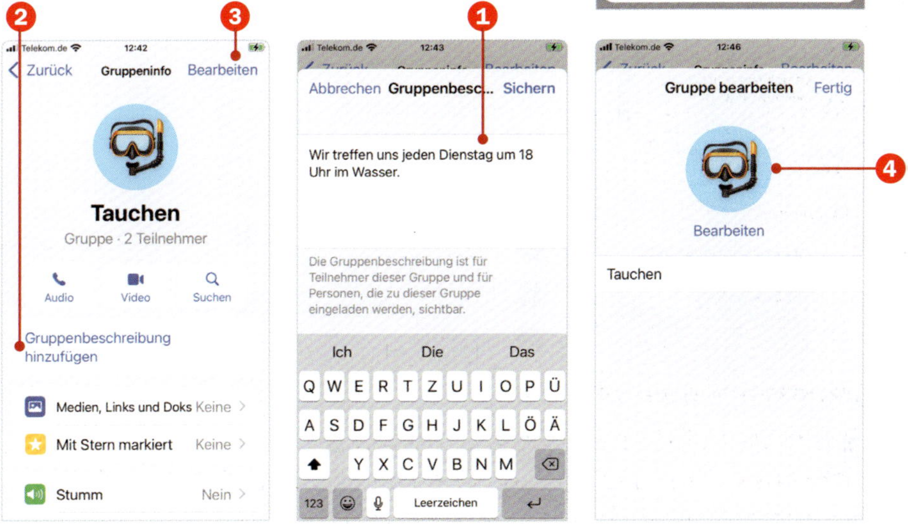

Personen hinzufügen bzw. entfernen

Manchmal stellt man fest, dass noch einer fehlt! Das ist kein Problem, da eine Gruppe auch im Nachhinein noch um Teilnehmer erweitert werden kann. Allerdings kann nur der Gruppenadministrator Personen hinzufügen oder aus dem Chat entfernen.

Weitere Teilnehmer ergänzen

Zum Hinzufügen eines weiteren Mitglieds zu einer bestehenden Gruppe gehen Sie so vor:

- Zeigen Sie den Gruppenchat an und öffnen Sie die ***Gruppeninfo*** ❶. Wischen Sie nach unten und tippen Sie dann auf ***Teilnehmer hinzufügen*** ❷.
- Ihre Kontakte werden angezeigt. Hier sehen Sie, wer schon zur Gruppe gehört ❸. Wählen Sie die gewünschte Person durch Antippen ❹ aus und bestätigen Sie mit ***Hinzu***.

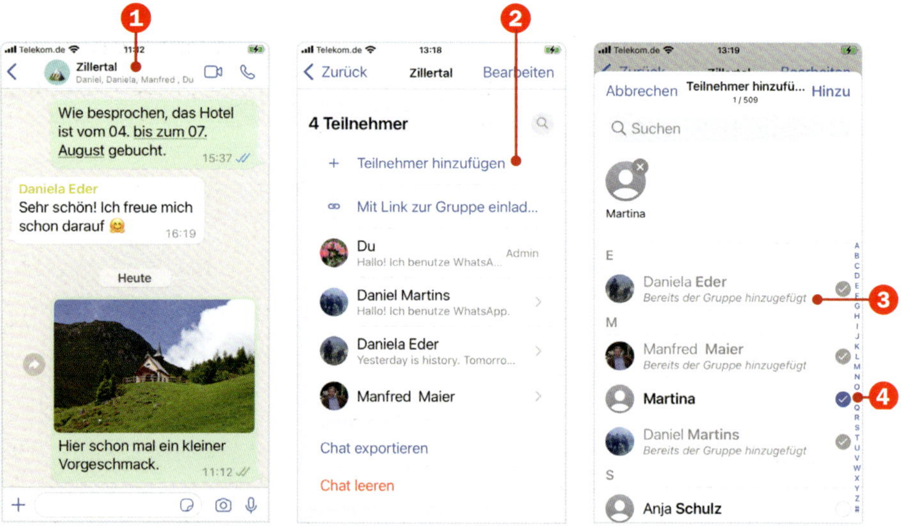

Der neue Teilnehmer sieht keine Nachrichten, die vor seinem Beitritt versendet wurden.

Teilnehmer löschen

Zum Entfernen einer Person aus der Gruppe zeigen Sie die ***Gruppeninfo*** an und tippen auf das zu entfernende Gruppenmitglied, in unserem Beispiel ***Daniela Eder***.

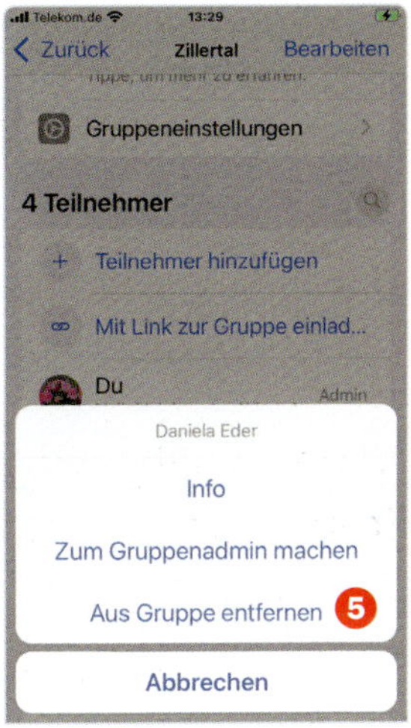

Im nächsten Schritt wählen Sie ***Aus Gruppe entfernen*** 5 aus und stimmen der folgenden Abfrage mit ***Entfernen*** zu.

Rechte der Teilnehmer festlegen

Standardmäßig darf jeder Teilnehmer das Gruppenbild, den Namen der Gruppe oder die Gruppenbeschreibung ändern. Und natürlich darf auch jedes Gruppenmitglied Nachrichten versenden. Diese Rechte können vom Gruppenadmin eingeschränkt werden.

Für einen Chat unter Freunden werden sicherlich alle Teilnehmer Nachrichten senden dürfen. Interessant ist die Einschränkung von Teilnehmerrechten in Chats mit offiziellerem Charakter.

Dazu ein Beispiel: Als Leiter einer Sportgruppe haben Sie einen Gruppenchat erstellt, um die Termine zu koordinieren. Auf die Information „Der Waldlauf fällt wegen Regens leider heute aus." möchten Sie vielleicht keine Antworten, wie „Dachte ich mir schon" oder „Schade", erhalten.

Für Chats dieser Art kann es sinnvoll sein, den Teilnehmern nur ein Leserecht einzuräumen und zu unterbinden, dass jeder die Gruppeninformationen ändern darf.

- Als Gruppenadmin öffnen Sie die ***Gruppeninfo*** und wählen ***Gruppeneinstellungen*** 1 aus.

- Tippen Sie dann auf ***Gruppeninfo bearbeiten*** **2**, wenn Sie verhindern möchten, dass alle den Betreff (Gruppennamen), das Bild etc. ändern dürfen. Wählen Sie in diesem Fall ***Nur Admins*** **3** aus.
- Analog bestimmen Sie bei ***Nachrichten senden*** **4**, dass nur Administratoren Nachrichten verschicken dürfen.

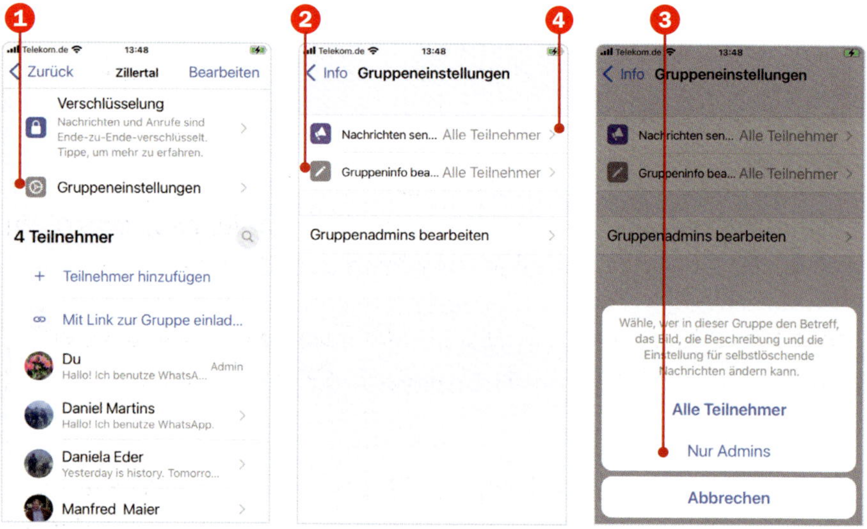

Tipp: In größeren Gruppen mit eingeschränkten Rechten ist es von Vorteil, wenn es mehrere Administratoren gibt. Falls einer verhindert ist, kann der andere dann trotzdem noch die Gruppe informieren.

Zu überlegen ist, ob für Gruppen dieser Art auch die Option „Selbstlöschende Nachrichten" gewählt werden kann. Dabei verschwinden die Nachrichten nach 24 Stunden automatisch wieder. Vielleicht ist das Zeitfenster von 24 Stunden aber auch zu klein, um alle zu informieren. Mehr zu diesem Thema auf Seite 143.

Teilnehmer der Gruppe werden im Chat über die Rechtevergabe informiert. Wenn keine Schreibrechte vorliegen, wird das Nachrichtenfeld nicht angezeigt.

Einen Gruppenchat verlassen und die Gruppe löschen

Jeder Teilnehmer entscheidet für sich, ob er Teil eines Chats bleiben möchte. Natürlich können Sie eine Gruppe verlassen, wenn das Ereignis, z. B. die organisierte Geburtstagsparty oder der Wochenendausflug, vorüber ist. So verhindern Sie „Gruppenleichen". Wer an den ausgetauschten Nachrichten hängt, kann eine Gruppe auch archivieren (siehe dazu Seite 165).

> Sie können eine Gruppe nur löschen, wenn Sie diese zuvor verlassen haben.

- Öffnen Sie den Gruppenchat und zeigen Sie die ***Gruppeninfo*** an. Falls der Gruppenadministrator einen Chat verlässt, erhält ein anderes Gruppenmitglied Administrationsrechte.

> In diesem Fall ist es von Vorteil, wenn der scheidende Administrator vor seinem Weggang einer anderen Person die Administrationsrechte (1) zuweist.

- Tippen Sie auf ***Gruppe verlassen*** (2) und bestätigen Sie mit ***Gruppe verlassen*** (3). Die Gruppe wird noch im Chat angezeigt, es können aber keine Nachrichten mehr gelesen oder versendet werden.
- Die verbliebenen Mitglieder werden im Gruppenchat über den Austritt informiert: ***XY hat die Gruppe verlassen***.

Allerdings steht auch eine neue Funktion bei WhatsApp in den Startlöchern. Das Gruppenmitglied soll die Möglichkeit erhalten, die Gruppe heimlich zu verlassen. Über den Austritt sollen dann nur noch die Admins informiert werden. Wie das genau aussehen wird, war zur Drucklegung des Buchs leider noch nicht bekannt.

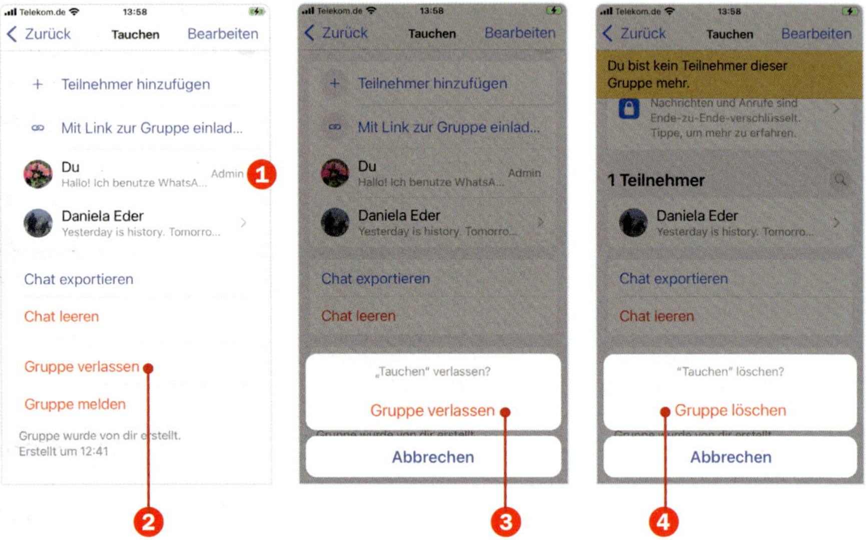

- In der ***Gruppeninfo*** erhalten Sie jetzt den Befehl zum Löschen der Gruppe. Tippen Sie auf ***Gruppe löschen*** 4. Bestätigen Sie mit ***Gruppe löschen***.

Notiz an mich selbst

Das schicke ich jetzt jemanden, damit ich es habe. So geht es mir bei Links zu Webseiten. Hier muss dann immer eine Freundin herhalten, die Nachrichten empfängt mit „Ist nicht für Dich, ist für mich". Natürlich könnte ich die Information auch in einer Notizen-App hinterlegen, aber irgendwie ist das zu umständlich. Der Messenger Signal hat die Nachfrage schon erkannt und bietet eine Funktion an, also einen Chat mit sich selbst. In WhatsApp kann man sich so etwas selbst bauen: Dazu benötigen Sie eine Gruppe und einen guten Freund.

1 Erstellen Sie eine neue Gruppe mit dem Freund.

2 Geben Sie der Gruppe einen passenden Namen, z. B. Notiz.

3 Nun entfernen Sie den Freund wieder aus der Gruppe; damit gehört Ihnen die Gruppe alleine.

4 Der Freund hat eine Gruppeneinladung erhalten und wurde dann gleich wieder aus derselbigen geworfen. Er kann die Gruppe aus der Chatübersicht löschen (dazu mehr auf Seite 95).

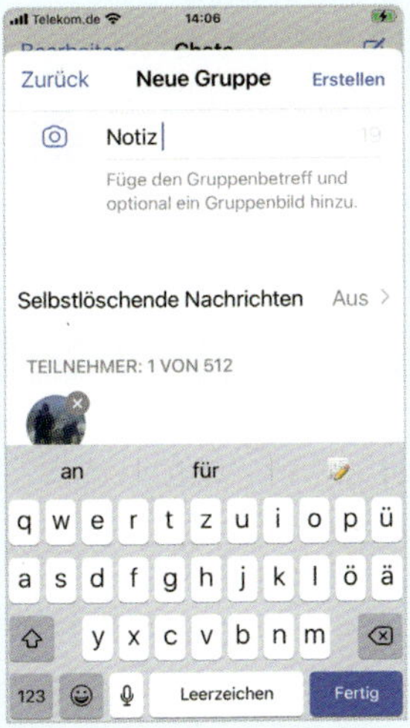

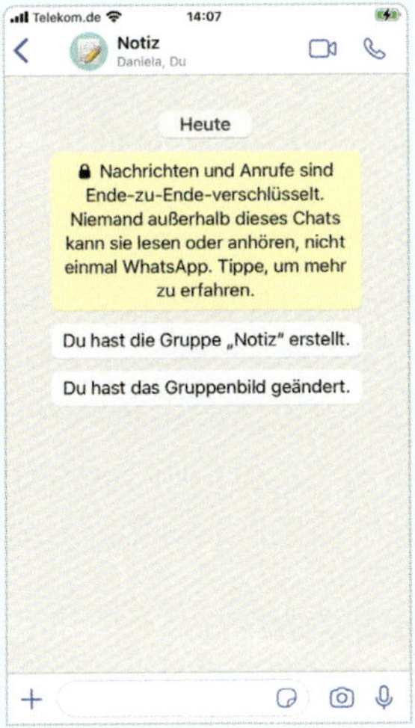

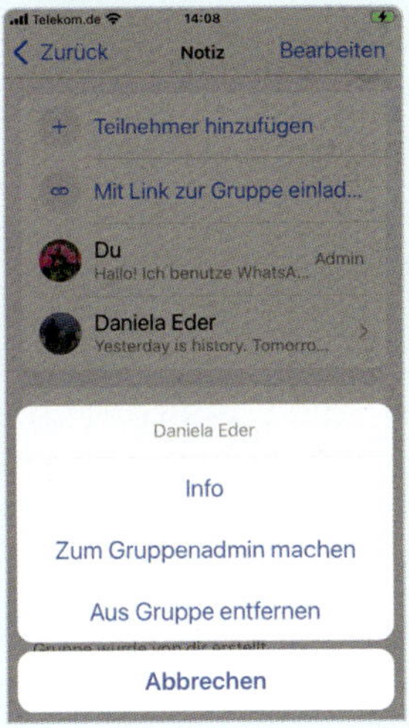

Zu einer Gruppe mit Link einladen

Wie schon erwähnt, geben Sie in einem Gruppenchat die Handynummern der Gruppenmitglieder preis. Gerade bei großen, unpersönlichen Gruppen (Verein, Organisationsteam, etc.) können Sie nicht davon ausgehen, dass jedermann damit einverstanden ist, ungefragt zu einer Gruppe hinzugefügt zu werden. Die Lösung ist eine Einladung zur Gruppe.

Gruppe erstellen und Link versenden

- Erstellen Sie eine Gruppe mit den Personen (mindestens Sie und noch eine Personen), von denen Sie wissen, dass Sie Mitglieder der Gruppe sein möchten.

- Zeigen Sie die Gruppe an und öffnen Sie die Gruppeninfo durch Antippen des grünen Bereichs oben. Tippen Sie auf ***Mit Link zur Gruppe einladen*** ❶ und dann auf ***Link kopieren*** ❷.

- Sie können jetzt den Link in eine E-Mail kopieren und verschicken. Oder Sie erstellen in WhatsApp einen Broadcast (wie das geht erfahren Sie im nächsten Kapitel), fügen den Link dort ein und versenden ihn. Zum Einfügen eines Links tippen Sie etwas länger in das Nachrichtenfeld. Der Befehl ***Einfügen*** ❸ erscheint, tippen Sie diesen an und versenden Sie die Nachricht, wie gewohnt.

Gruppe beitreten

- Die Empfänger, egal ob Sie die Nachricht via WhatsApp oder E-Mail erhalten haben, tippen auf den Link, wenn Sie der Gruppe beitreten möchten. Wenn Sie den Link via E-Mail erhalten, sollte die E-Mail am Smartphone geöffnet werden, damit Sie gleich der Gruppe beitreten können. Außer Sie verwenden WhatsApp-Web dann können Sie auch über den Computer beitreten.

- Tippen Sie auf ***Gruppe beitreten*** ❹. Die aktuellen Mitglieder der Gruppe, die auch auf Ihrem Smartphone gespeichert sind, werden angezeigt. Für weitere, unbekannte Mitglieder sehen Sie nur die Anzahl. Tippen Sie auf ***Gruppe beitreten*** ❺.

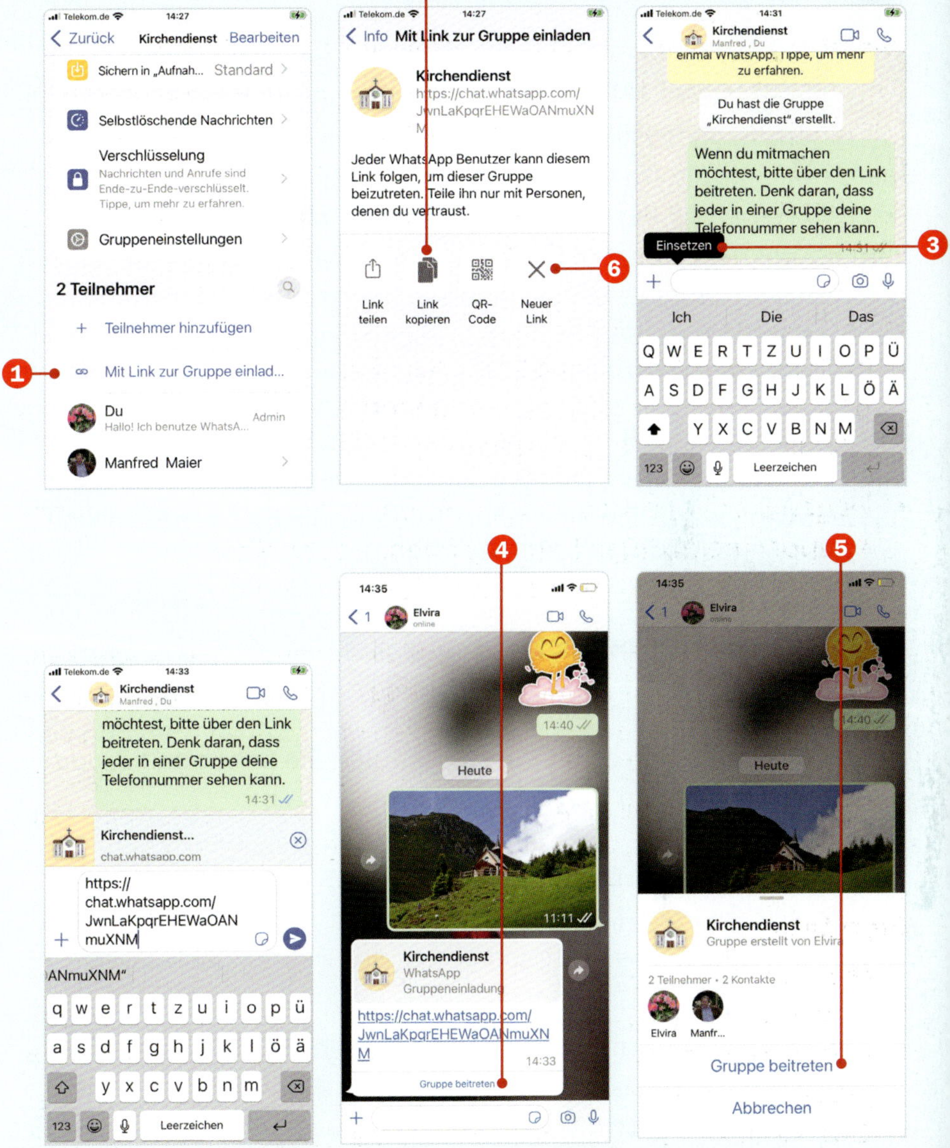

Jeder, der den Link hat, kann der Gruppe beitreten. Der Link kann von anderen weitergegeben werden und so können Personen der Gruppe beitreten, die Sie anfänglich nicht eingeladen haben. Wenn Sie möchten, dass der Link nicht mehr zum Gruppenbeitritt verwendet werden kann, tippen Sie auf ***Neuer Link*** 6.

4.2 Broadcast: eine Nachricht an viele senden

Mit einem Broadcast wird dieselbe Nachricht an mehrere Kontakte übermittelt. Im Gegensatz zum Gruppenchat ist es für die angeschriebenen Personen nicht ersichtlich, dass sie gemeinsam kontaktiert wurden. So werden auch nicht die Telefonnummern der Empfänger untereinander übermittelt. Ein Broadcast kann an maximal 256 Kontakte versendet werden. Die Antworten der Einzelnen erhält nur der Ersteller des Broadcasts.

Durch den Broadcast ersparen Sie sich das Schreiben mehrerer einzelner Nachrichten! Der Broadcast ist beispielsweise das Mittel der Wahl, wenn Sie eine neue Telefonnummer erhalten und Ihren Freundeskreis informieren möchten.

Broadcast versenden und empfangen

Broadcast erstellen und verschicken

- Zeigen Sie den Bereich ***Chats*** an, wählen Sie links oben ***Broadcast*** ❶ und tippen Sie auf ***Neue Liste***.

> **Achtung!** Personen, denen Sie einen Broadcast senden, müssen Ihre Handynummer im Adressbuch (App Kontakte) gespeichert haben. Hat der Broadcast-Empfänger Ihre Handynummer nicht gespeichert, erhält er auch den Broadcast nicht.

- Eine Liste aller Kontakte erscheint. Tippen Sie die Kontakte an, die einen Broadcast erhalten sollen. Ihre Auswahl wird oben angezeigt ❷. Kontrollieren Sie die Auswahl. Durch Antippen des *x* bei der ausgewählten Person können Teilnehmer aus der Liste auch wieder gelöscht werden.
- Zum Fertigstellen der Liste tippen Sie auf ***Erstellen***.
- Jetzt können Sie, wie gewohnt, eine Nachricht ❸ oder ein Foto etc. gleichzeitig an alle Broadcast-Empfänger verschicken.

Im oberen Bereich können Sie durch Antippen von ***Nachrichten*** 4 weitere Informationen zum Broadcast anzeigen.

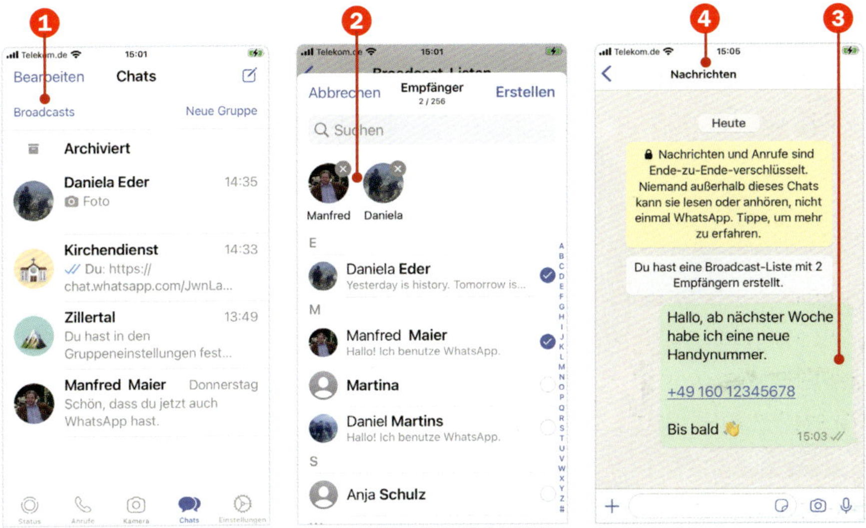

Empfänger eines Broadcasts sein

Für die angeschriebenen Broadcast-Empfänger erscheint die Nachricht unter dem Namen des Absenders im Einzelchat 5 (in unserem Beispiel ist die Absenderin des Broadcasts Elvira). Der Empfänger eines Broadcasts sieht nicht, dass er Teil eines Broadcasts ist.

Antworten auf den Broadcast erhalten

Antworten auf einen Broadcast werden beim Broadcast-Sender in den Einzelchats angezeigt 6. Hier wird die persönliche Unterhaltung auch weitergeführt. Der Broadcast-Sender erkennt im Einzelchat Broadcast-Nachrichten an diesem Symbol 7.

Die Broadcast-Liste, die nur beim Absender des Broadcasts angezeigt wird, enthält die ursprüngliche Nachricht und die Namen der Empfänger, sonst nichts. Die Liste wird nicht mehr benötigt, außer Sie möchten zu einem späteren Zeitpunkt wieder eine

Nachricht an die ausgewählten Personen schreiben. Die Broadcast-Liste wird nicht in Ihrer Chatübersicht angezeigt, sie finden Sie, wenn Sie links oben auf ***Broadcast*** 8 tippen.

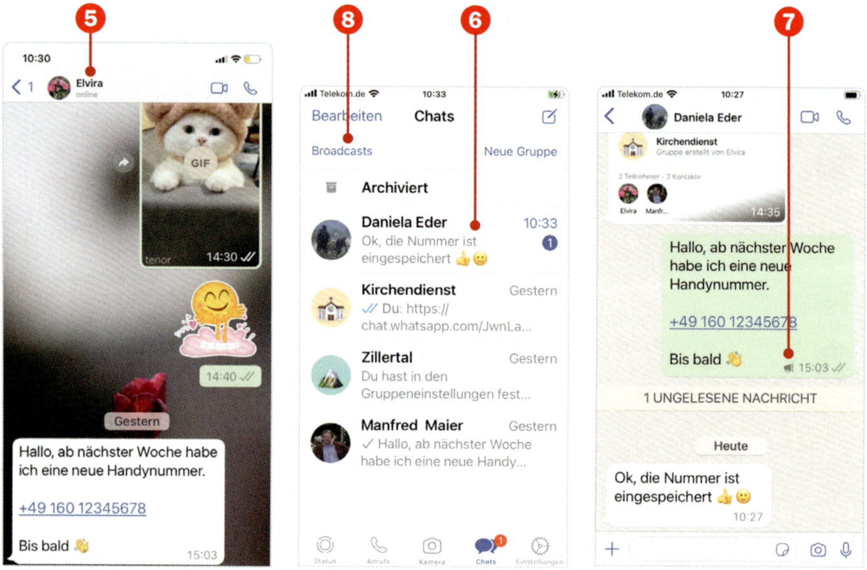

Broadcast verwalten

Wenn Sie nur schnell eine Nachricht an eine Reihe von Personen senden wollten, ist der Broadcast damit erledigt und kann gelöscht werden. Dient der Broadcast dazu, beispielsweise demselben Personenkreis regelmäßig etwas zu senden, dann sollten Sie dem Broadcast einen Namen geben, um Verwechslungen vorzubeugen. Die Bearbeitungsmöglichkeiten des Broadcasts sind Ihnen schon aus den Gruppenchats geläufig.

Um Änderungen vorzunehmen, tippen Sie in der Chatübersicht links oben auf ***Broadcast*** und anschließend wählen Sie die Broadcast-Liste 1 aus. Tippen Sie dann oben auf ***Nachrichten*** 2.

Dadurch wird die Broadcast-Listen-Info angezeigt. Hier sehen Sie, welche Personen Empfänger des Broadcasts sind.

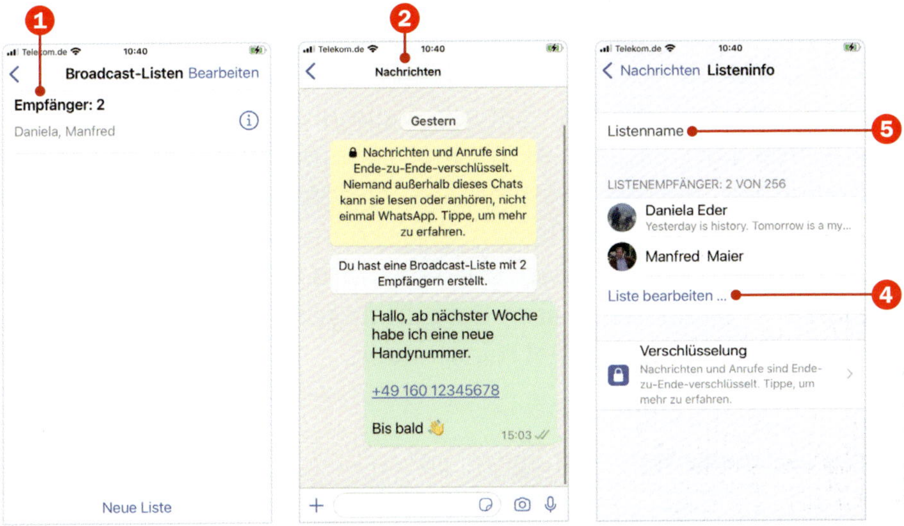

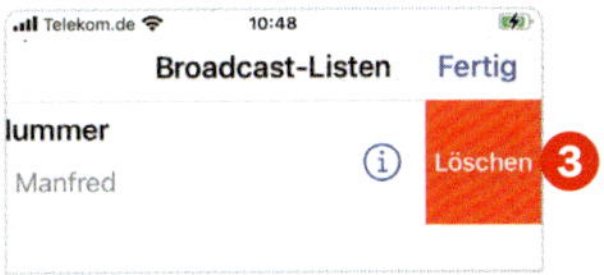

- **Broadcast löschen:** Wischen Sie die Broadcast-Liste in der Übersicht nach links 3.
- **Weitere Personen hinzufügen:** Tippen Sie auf *Liste bearbeiten* 4.
- **Broadcast-Liste benennen:** Tippen Sie auf *Listenname* 5 und geben Sie eine Bezeichnung ein. Bestätigen Sie auf der Tastatur mit *Fertig*.
- **Personen aus der Liste löschen:** Tippen Sie auf *Liste bearbeiten* und entfernen Sie das Häkchen der betreffenden Person. Bestätigen Sie mit *Fertig*.

4.3 Status - Fotos für alle

Im Bereich ***Status*** zeigen Sie für die Dauer von 24 Stunden allen Freunden gleichzeitig eine Auswahl von einem oder mehreren Fotos, Videos oder Textnachrichten an. Nach Ablauf der Zeit endet die Anzeige automatisch. Viele nutzen den Bereich, um Freunde über aktuelle Aktivitäten zu informieren, ohne jemanden direkt ansprechen zu müssen. Andere posten Sprüche oder fotografieren ihr Abendessen. Zwar können auch Statusmeldungen kommentiert werden, doch das wird nicht erwartet. Da der Status in einem separaten Bereich angezeigt wird, können Sie nach Lust und Laune mal reinschauen.

Wer darf meine Statuseinträge sehen?

Bevor Sie einen Status zusammenstellen, sollten Sie entscheiden, welchem Personenkreis dieser angezeigt werden soll, da sich Einstellungsveränderungen nicht auf einen bereits gesendeten Status auswirken. Standardmäßig werden die Statusinformationen allen Kontakten, also allen Personen, die in Ihrem Adressbuch gespeichert sind, angezeigt. Das ist nicht immer gewünscht. Wenn Sie beispielsweise die Handynummer Ihres Friseurs gespeichert haben und dieser auch WhatsApp verwendet, kann er auch Ihren Status betrachten. So verhindern Sie das:

- Wählen Sie im Hauptfenster den Bereich ***Status*** 1 aus und rufen Sie dann ***Datenschutz*** 2 auf.
- Um den Personenkreis zu begrenzen, haben Sie zwei Möglichkeiten:
  - Mit ***Meine Kontakte außer ...*** 3 nehmen Sie bestimmte Personen von der Anzeige aus.
  - Bei ***Teilen nur mit ...*** 4 wählen Sie die Freunde aus, die den Status erhalten sollen.

- Im Beispiel haben wir die Option ***Meine Kontakte außer …*** 3 gewählt und nehmen zwei Kontakte durch Antippen 5 von der Anzeige aus. Diese erhalten die Statusmeldungen nicht.
- Bestätigen Sie die Auswahl mit ***Fertig*** 6. Über denselben Weg können Sie jederzeit weitere Änderungen vornehmen.

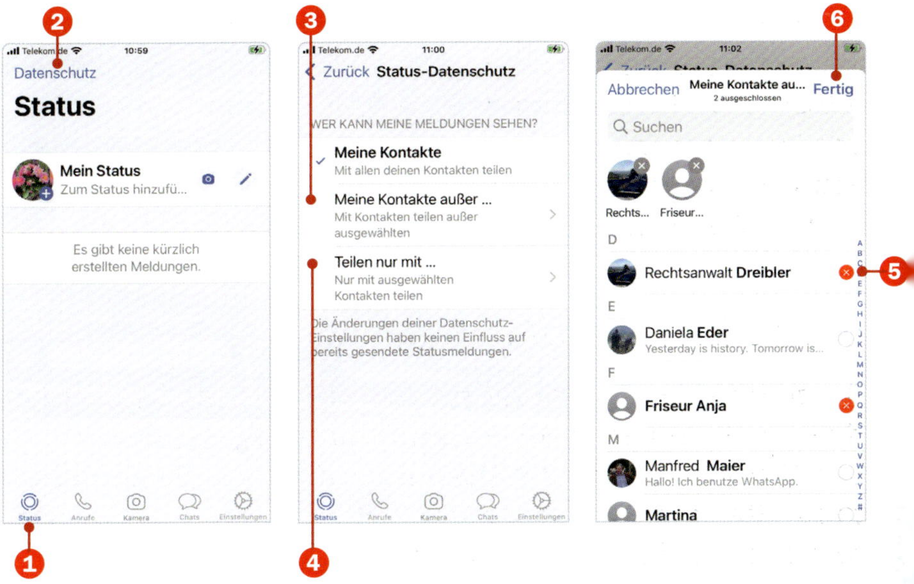

Eigenen Status erstellen und bearbeiten

Statusinfo eingeben

Zeigen Sie den Bereich ***Status*** an.

- **Fotos & Videos:** Um ein Foto oder Video in den Status aufzunehmen, tippen Sie auf [Kamera-Symbol] 1. Knipsen Sie entweder ein Foto durch Antippen des Auslösers 2 oder wählen Sie ein bereits vorhandenes Foto bzw. Video aus. Wischen Sie dazu horizontal über das Display 3. Wählen Sie ein Element durch Antippen aus. Tippen Sie auf [Plus-Symbol] 4 neben der Bildunterschrift, wenn Sie weitere Fotos oder Videos hochladen wollen 5. Tippen Sie dann auf ***Fertig***.

- **Beschriftung:** Tippen Sie auf ***Bildunterschrift …*** und fügen Sie dann den Text 6, der zum Bild erscheinen soll, ein.
- Mit ▶ versenden Sie die Fotos.

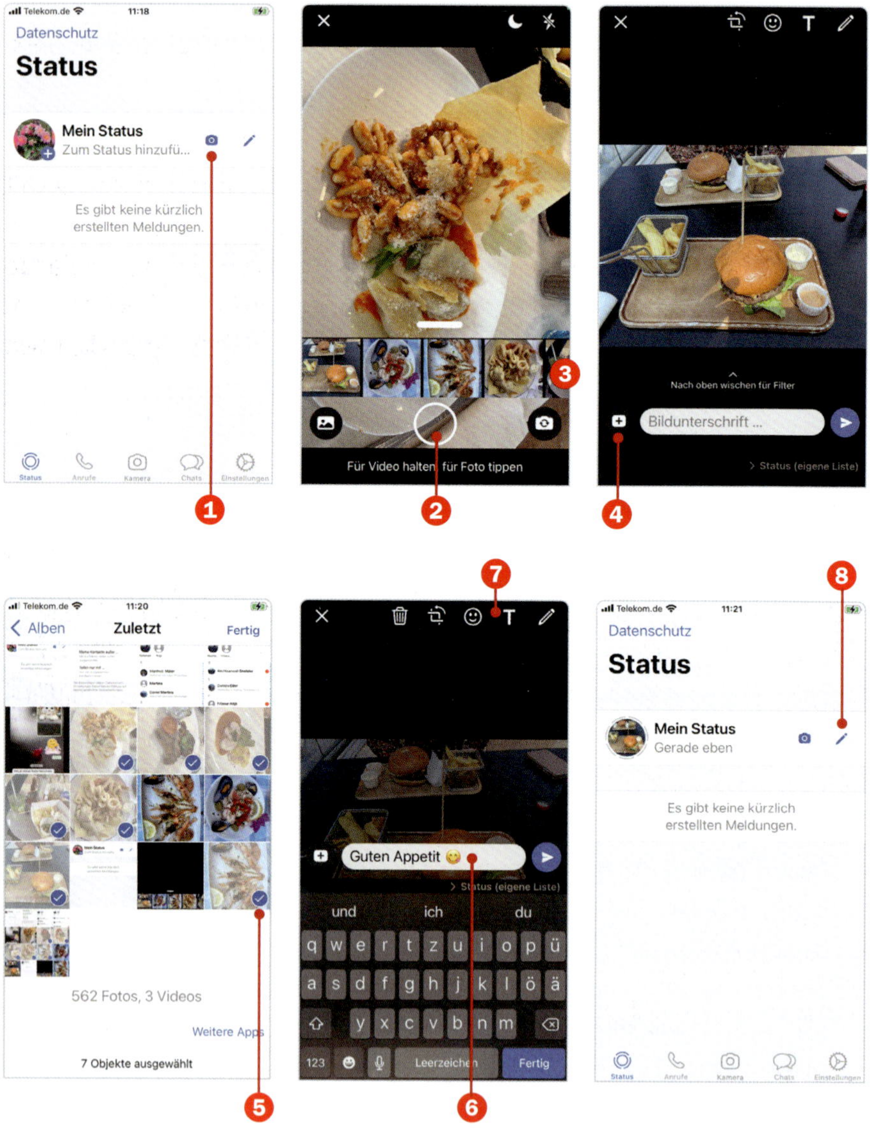

Tipp: Mit den Bearbeitungsbefehlen 7 können Sie die Bilder für den Status vor dem Veröffentlichen bearbeiten und verschönern, wie bereits auf ??? beschrieben.

Sie können den Vorgang wiederholen, um weitere Fotos oder Texte dem Status hinzuzufügen.

- **Text:** Zur Eingabe von Text tippen Sie auf 8 (Grafik vorige Seite) und geben dann Ihre Meldung ein. Sie können diese mit Emojis 9 verzieren. Zur Tastatur kehren Sie mit ABC zurück. Die Schriftart ändern Sie mit 10 und die Hintergrundfarbe mit . Tippen Sie jeweils mehrfach auf die Schaltflächen, um zwischen den einzelnen Schriftarten bzw. Hintergrundfarben zu wechseln.
- Den Status veröffentlichen Sie mit .

Eigenen Status kontrollieren

- Zur Überprüfung Ihres Status tippen Sie auf ***Mein Status*** 11. Tippen Sie den ersten Status in der Liste an. Hier sehen Sie die hinterlegten Medien als eine Art Diaschau.
- **Wer hat meinen Status angeschaut?** Am unteren Rand des Bildschirms sehen Sie, wie viele Freunde die Nachricht schon betrachtet haben 1. Durch Antippen des Symbols sehen Sie, wer die Personen 12 sind.
- Zum Löschen eines Statuselements tippen Sie auf das Menüsymbol 13 und wählen ***Löschen*** 14 aus.
- Zum Verlassen des Status tippen Sie auf den Pfeil links oben.

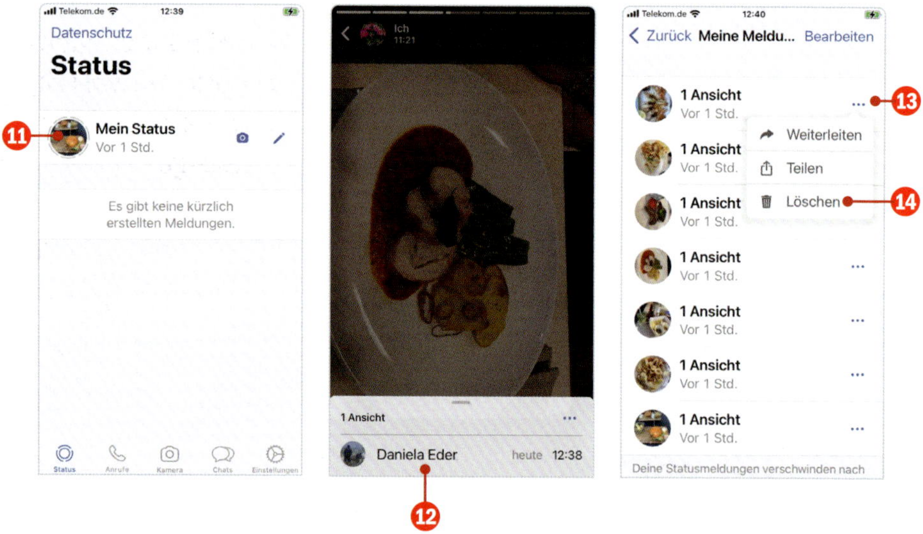

Wichtig! Ihre Statusmeldung wird dem Freund nur angezeigt, wenn er Ihre Telefonnummer in seinem Smartphone (App Kontakte) abgespeichert hat. Es reicht nicht aus, dass er bei Ihnen abgespeichert ist und Sie erlaubt haben, dass er Ihre Statusmeldungen anzeigen darf.

Status von Freunden betrachten

Statusmeldungen von Freunden werden natürlich auch im Bereich ***Status*** angezeigt. Auf neue Inhalte wird durch einen blauen Punkt im Status-Symbol hingewiesen.

- Durch Antippen betrachten Sie den Status eines Freundes 1. Am oberen Rand sehen Sie eine Art Zeitstrahl 2, der visualisiert, wie viele Elemente der Status enthält und wie lange das Einzelbild noch angezeigt wird. Wenn Sie mit dem Finger auf das Bild tippen und es gedrückt halten, läuft die Zeit nicht weiter und Sie können das Foto länger betrachten.
- Danach wird die Statusmeldung in den Bereich ***Angesehene Meldungen*** 3 verschoben.
- Gefällt Ihnen ein Bild besonders gut, können Sie eine Nachricht zu diesem verfassen. Tippen Sie unten auf ***Antworten***, geben Sie einen Kommentar 4 ein und tippen dann auf ***Senden***. Die Nachricht wird im Einzelchat angezeigt.

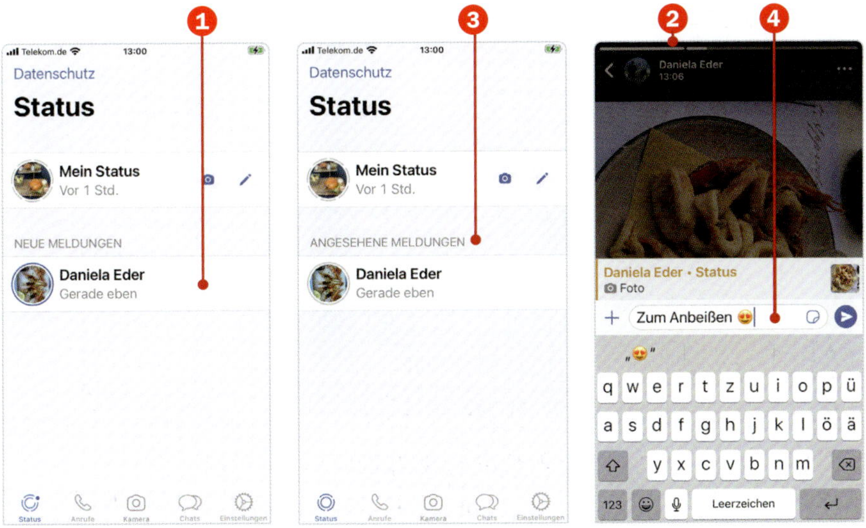

Infos zu neuen Funktionen

Im Status werden von Zeit zu Zeit auch Meldungen von WhatsApp eingeblendet, die Sie über neue Funktionen des Messengers auf dem Laufenden halten. Durch Antippen erhalten Sie ausführliche Erläuterungen. Genau wie bei Statusmeldungen von Freunden ist auch dieser „Infos-Status“ nach 24 Stunden wieder verschwunden.

- Tippen Sie auf den WhatsApp-Status 1. Die Meldung kann mehrere Seiten umfassen, die nun nacheinander angezeigt werden.
- Wenn Sie das Thema nicht interessiert, verlassen Sie die Statusmeldung über den Pfeil links oben 2.
- Durch Antippen der ***Web-Adresse*** 3 zeigen Sie im Browser die Hilfeseite von WhatsApp zu diesem Thema an.

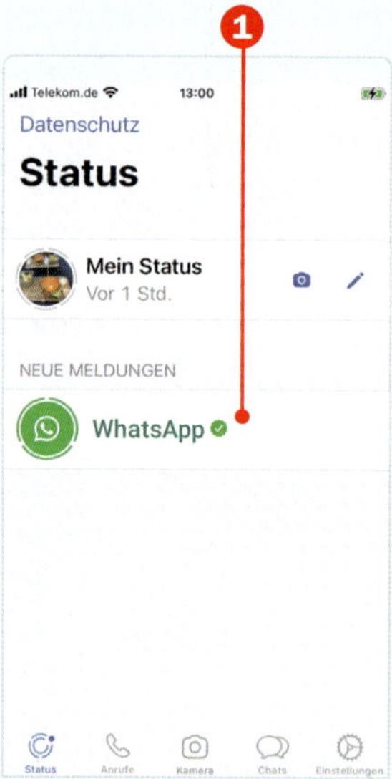

Kapitel 05
Sprach- und Videoanrufe

Das erwartet Sie hier!

Mit WhatsApp können Sie Familie und Freunde anrufen und dabei optional ein Video übertragen.

- Hier erfahren Sie, wie Sie via WhatsApp einen **Sprachanruf** durchführen. Sollten Sie mit Ihrem Mobilfunkvertrag sowieso kostenlos in alle deutsche Netze telefonieren können, dann benötigen Sie Sprachanrufe über WhatsApp eigentlich nicht. Allerdings kann WhatsApp für Gespräche ins Ausland nützlich sein. Dazu muss allerdings sichergestellt werden, dass keiner der Teilnehmer Roaming-Gebühren bezahlt. Wenn Sie sich mit einem WLAN verbinden, vermeiden Sie diese Problematik.
- Interessanter ist es natürlich, ein **Video** zu übertragen. Meistens ist die Kamera dabei auf einen selbst gerichtet. Aber mit einem Kamerawechsel kann man auch schnell das renovierte Wohnzimmer oder den blühenden Garten zeigen.
- Ein **Gruppenanruf** vereint die ganze Familie oder Freunde in einem Gespräch; auch hier ist die Übertragung eines Videos möglich und meist die Regel.
- Zum Schluss werfen wir noch einen Blick auf die **Anrufliste**. Hier sind unter anderem die verpassten Anrufe aufgeführt.

Achtung! Grundsätzlich ist es sinnvoll, Sprach- oder Videoanrufe zu tätigen, wenn Ihr Smartphone mit einem WLAN verbunden ist, da sonst das Datenvolumen Ihres Mobilfunkvertrags belastet wird.

5.1 Einen Freund anrufen

Wenn Sie das erste Mal einen Sprach- oder Videoanruf starten, ist es möglich, dass Sie WhatsApp den Zugriff auf das Mikrofon erlauben müssen.

- **Alternative 1:** Zeigen Sie den Bereich *Anrufe* an und tippen Sie zur Anzeige der Kontaktliste auf ❶. Starten Sie durch Antippen des Telefonsymbols ❷ neben dem gewünschten Kontakt einen Sprachanruf. Mit dem Kamerasymbol findet auch eine Bildübertragung statt.
- **Alternative 2:** Ein Anruf kann auch aus einem persönlichen Chat gestartet werden. Zeigen Sie den Chat mit der gewünschten Person an und tippen Sie rechts oben auf das Telefonsymbol ❸ für einen Sprachanruf oder das Kamerasymbol für einen Videoanruf.

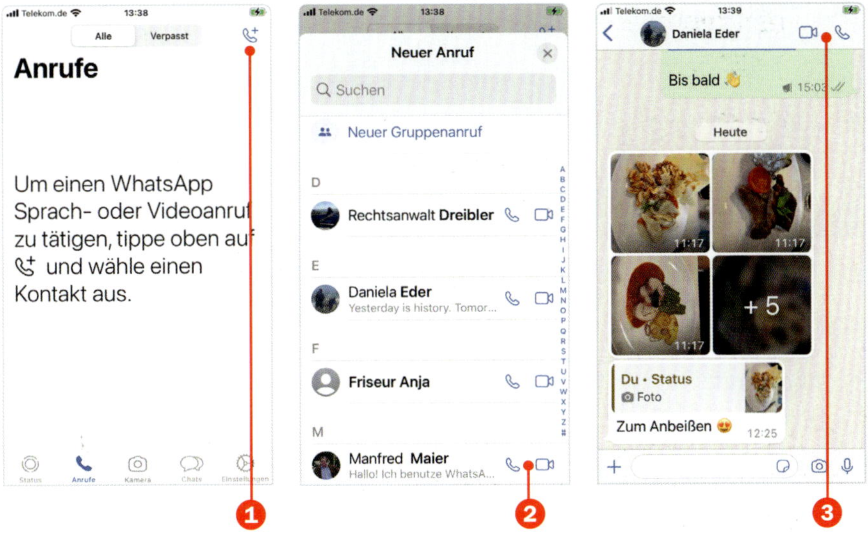

- **Sprachanruf:** Während des Verbindungsaufbaus erscheint auf dem Display die Information ***Es klingelt bei …*** 4. Sobald die Verbindung zum Angerufenen hergestellt wurde, wird bei einem Sprachanruf die aktuelle Verbindungszeit 5 angezeigt.

  Sie können über die entsprechende Schaltfläche den Anruf stumm schalten 6 bzw. die Unterhaltung für Umstehende hörbar via Lautsprecher 7 übermitteln. Ist die Stummschaltung aktiv bzw. der Lautsprecher eingeschaltet, wird das entsprechende Symbol weiß ausgefüllt 8.

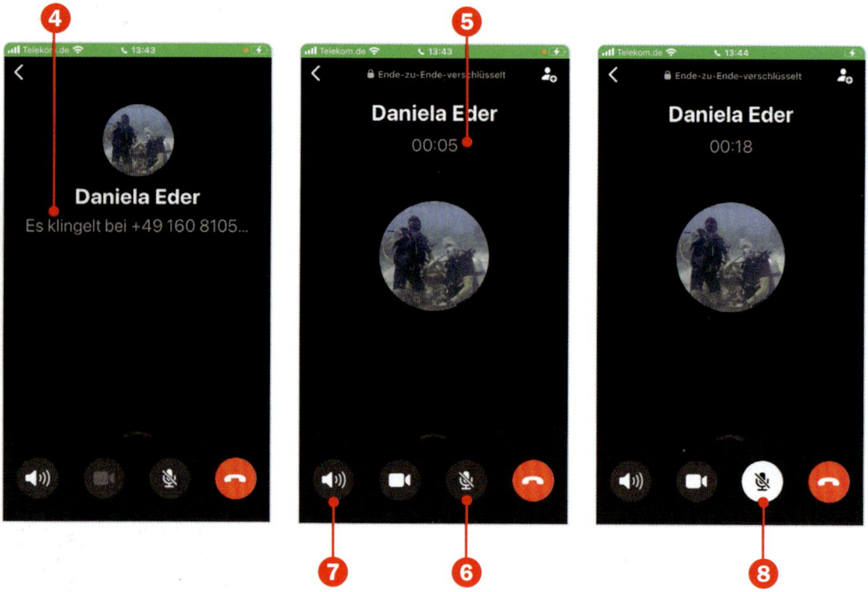

- **Videoanruf:** Sie sehen zunächst Ihr eigenes Gesicht. Nach Verbindungsaufbau wird der Angerufene angezeigt. In einem kleineren Fenster sehen Sie, wie Sie übertragen werden 9. Falls die Position des Fensters stört, können Sie dieses antippen, gedrückt halten und an eine andere Stelle ziehen.

Während eines Videoanrufs werden die Symbole auf dem Display nach kurzer Zeit ausgeblendet, damit Sie den Gesprächspartner besser sehen können. Zur Anzeige der Befehle müssen Sie dann das Display einmal kurz ⑩ antippen.

Auch der Videoanruf kann stumm ⑪ geschaltet werden. Das Symbol wird dann entsprechend weiß gefüllt. Mit nochmaligem Antippen aktivieren Sie das Mikrofon wieder. Mit ⑫ unterbrechen Sie die Videoübertragung. Über ⑬ wechseln Sie von der Frontkamera Ihres Smartphones zur Hauptkamera hinten am Gerät und können so Ihre Umgebung übertragen. Erneutes Antippen wechselt wieder zur Frontkamera.

- **Auflegen - Sprach- bzw. Videoanruf beenden:** Durch Antippen des rot hinterlegten Hörers ⑭ beenden Sie das Gespräch bzw. den Videoanruf.

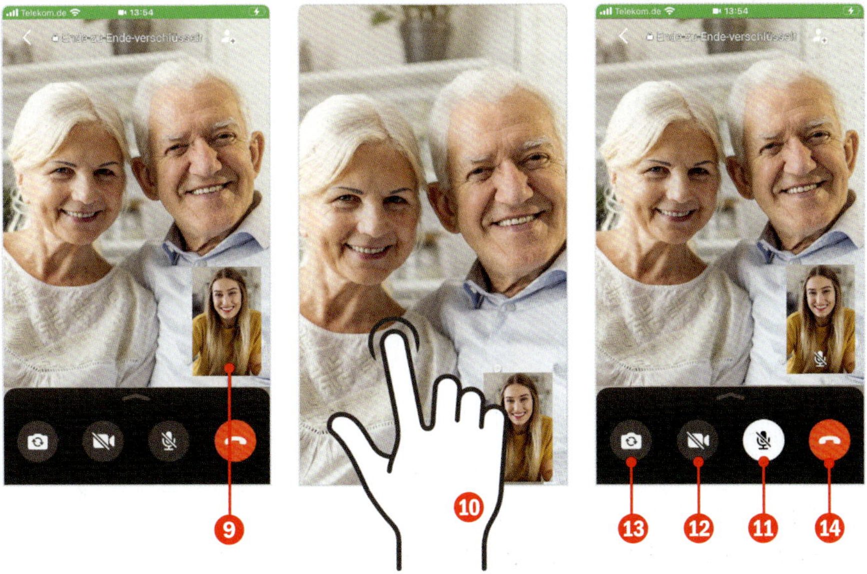

Während des Videoanrufs schnell ein Foto schicken

Sie können während eines Sprach- oder Videoanrufs auch noch andere Aufgaben am Smartphone erledigen. Oft kommt man im Gespräch auf ein Thema und möchte passend dazu im Chat ein Foto oder einen Link verschicken. Dazu müssen Sie den Anruf nicht unterbrechen, Sie können das parallel erledigen.

- Tippen Sie auf das Pfeilsymbol < 1. Die Videoübertragung rutscht nach rechts unten und der zuletzt angezeigte Bereich von WhatsApp erscheint am Display.
- Navigieren Sie ggf. zum Chat mit der Person. Falls das Videoübertragungsbild 2 stört, können Sie es antippen, gedrückt halten und an eine andere Position ziehen. Sie können jetzt, wie Sie das bereits in Kapitel 2 gelernt haben, ein Foto oder einen Link versenden.
- Um wieder die Videoübertragung auf dem gesamten Display anzuzeigen, tippen Sie doppelt auf das Videobild. Der hellgrüne Bereich am oberen Bildschirmrand 3 signalisiert, dass Sie gerade einen Videoanruf tätigen.

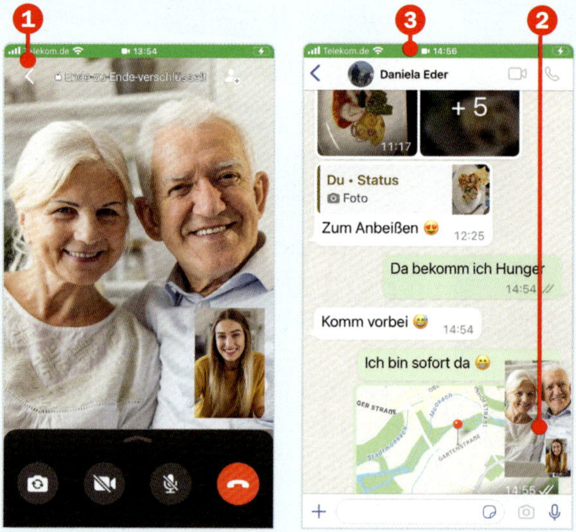

5.2 Anruf annehmen oder abweisen

Ein eingehender WhatsApp-Anruf, egal ob Sprach- oder Videoanruf, macht selbstverständlich durch einen Klingelton auf sich aufmerksam. Die Darstellung des Anrufs auf dem Display unterscheidet sich ein wenig, je nachdem, ob Sie das Smartphone gerade verwenden (also der Startbildschirm oder eine App angezeigt wird) oder ob der Anruf auf dem Sperrbildschirm erscheint.

Anruf entgegennehmen

- Wenn Sie gerade am Smartphone beschäftigt sind, wird ein eingehender Anruf durch eine Einblendung am oberen Rand des Displays angezeigt. Hier sehen Sie auch, ob es sich um einen Video- oder Sprachanruf ❶ handelt. Durch Antippen des blauen Häkchens ✓ ❷ stellen Sie die Verbindung her.
- Verwenden Sie das Smartphone gerade nicht, so erscheint der Anruf auf dem Sperrbildschirm. Hier ziehen Sie das Pfeilsymbol bei ***Annehmen*** nach rechts ❸. Bei einem Videoanruf wird automatisch die Frontkamera aktiviert.

Anruf abweisen

- Wenn der Anruf auf dem Sperrbildschirm erscheint und Sie den Anruf nicht entgegennehmen möchten, drücken Sie zweimal auf die Funktionstaste an der Außenseite Ihres Smartphones. Ist das Smartpone entsperrt und Sie befinden sich vielleicht gerade in einer App, tippen Sie bei einem Anruf auf ✕ ❹.
- Vielleicht möchten Sie dem Anrufenden gern mitteilen, dass Sie später zurückrufen. Tippen Sie dazu einfach auf ***Nachricht*** ❺ und wählen Sie einen der angebotenen Texte ❻ aus. Dadurch wird der Anruf abgelehnt und gleichzeitig die ausge-

wählte Nachricht versendet. Sie sehen diese dann im Einzelchat 7.

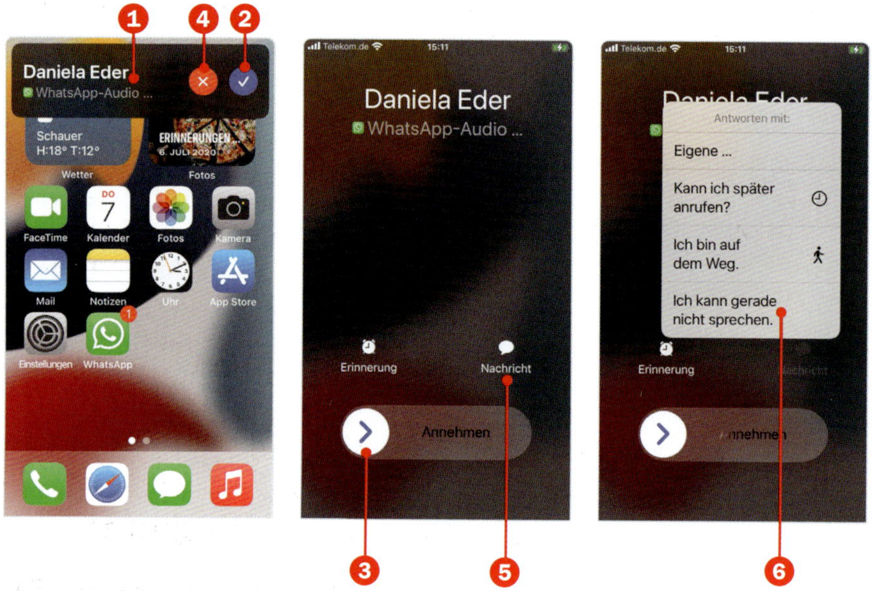

Auf verpasste Anrufe werden Sie in der Regel durch eine Benachrichtigung aufmerksam gemacht. In WhatsApp sehen Sie unten, wie viele Anrufe 8 Sie verpasst haben. Auch im Chat mit der Person erscheint ein entsprechender Hinweis 9. Weitere Informationen zu einem verpassten Anruf erhalten Sie in der Anrufliste. Dazu gleich mehr.

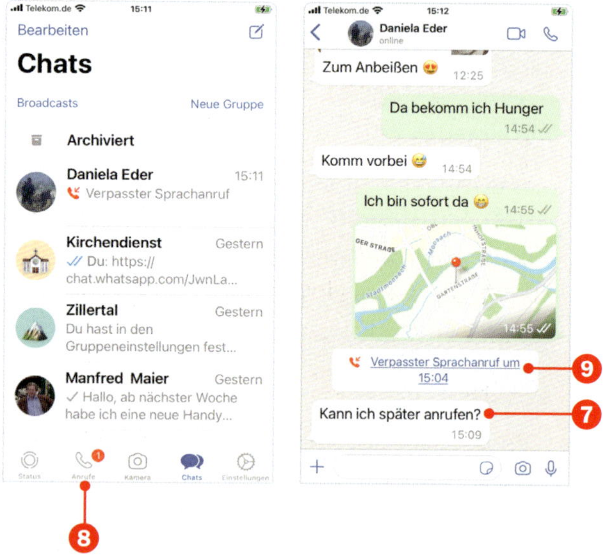

5.3 Videotelefonat mit mehreren Teilnehmern

Es können bis zu acht Personen an einem Gruppentelefonat teilnehmen. Funktioniert das nicht, verwendet vielleicht einer der Teilnehmer eine alte WhatsApp-Version.

Gruppenanruf starten

- **Alternative 1 - Gespräch aus einer Gruppe starten:** Wenn Sie bereits eine Gruppe (mehr zur Gruppe in Kapitel 4) in WhatsApp angelegt haben und mit diesen Freunden gerne telefonieren möchten, dann können Sie den Anruf gleich aus dem Gruppenchat heraus starten.

  Öffnen Sie diesen und klicken Sie oben auf das Telefon- bzw. Videosymbol ❶. Bestätigen Sie durch Antippen von ***Gruppe anrufen***. Alle Teilnehmer werden gleichzeitig angerufen.

- **Alternative 2 - Zu einem laufenden Gespräch weitere Teilnehmer hinzufügen:** Sie können zu einem laufenden Video- oder Sprachanruf weitere Personen einladen. Dabei ist es unerheblich, ob Sie der Anrufende sind oder ob Sie angerufen wurden. Diese Funktion steht allen zur Verfügung.

  Durch Antippen von [Symbol] ❷ rechts oben wird die Kontaktliste angezeigt. Oder ziehen Sie die Befehlsleiste nach oben; hier finden Sie ebenfalls ***Teilnehmer hinzufügen*** ❸. Nach Antippen wird die Kontaktliste angezeigt. Wählen Sie hier einen Teilnehmer aus und bestätigen Sie mit ***Hinzufügen*** ❹.

  Sollte der gewünschte Teilnehmer nicht antworten, tippen Sie im oberen Teil auf das Display ❺, um den Befehlsbereich auszublenden und die Gesprächspartner im Videochat wieder komplett anzuzeigen. Die eingeladene Person kann während der gesamten Dauer des Gesprächs noch hinzustoßen. Wie das geht, erfahren Sie gleich.

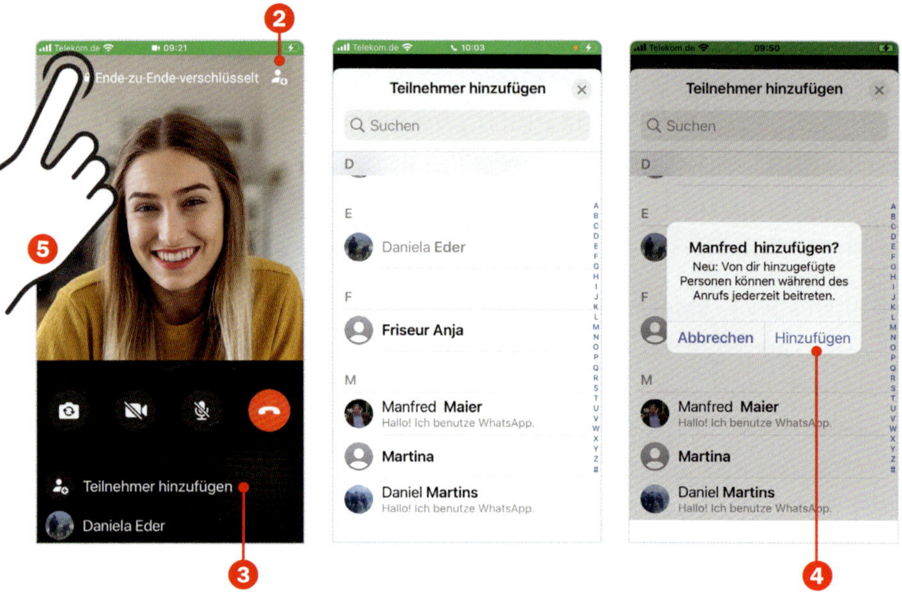

- **Alternative 3 - Teilnehmer auswählen und Gespräch starten:** Das Passende ist noch nicht dabei? Dann kreieren Sie einfach eine neue Zusammenstellung für einen Gruppenanruf.

  Öffnen Sie den Bereich ***Anrufe*** 6 und tippen Sie auf zur Anzeige der Kontaktliste. Wählen Sie ***Neuer Gruppenanruf*** 7 aus und tippen Sie dann die gewünschten Teilnehmer nacheinander an. Diese werden oben aufgeführt; daneben finden Sie die bekannten Symbole für Sprach- und Videoanruf 8, über die Sie den Anruf starten.

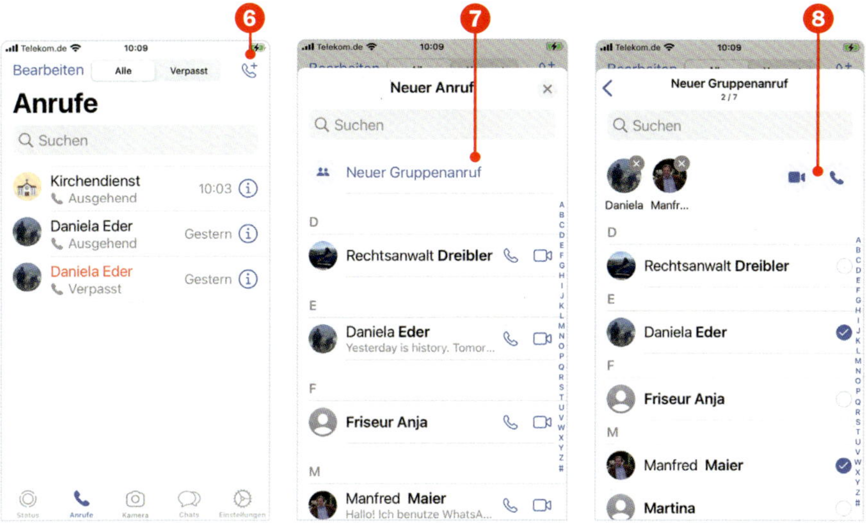

Gruppenanruf entgegennehmen

Wenn Sie gerade am Handy tätig sind, erscheint der Hinweis auf einen eingehenden Anruf oben. Tippen Sie dann ***Gruppen-Videoanruf beitreten*** **1**. Auf dem Sperrbildschirm erscheint dieselbe Meldung, um den Anruf entgegenzunehmen. Tippen Sie ebenfalls auf ***Gruppen-Videoanruf beitreten*** **2**.

Unten sehen Sie die weiteren Teilnehmer. Im Beispiel auf der nächsten Seite befinden sich die ersten beiden Personen **3** bereits im Gruppenanruf. Nach dem Beitritt sehen Sie sich und alle anderen Teilnehmer auf einem geteilten Bildschirm. Die untere Befehlsleiste **4** kennen Sie bereits.

Sollten Sie an einem Gruppenanruf nicht teilnehmen wollen, tippen Sie auf ***Ignorieren*** **5**.

Sie können einem Gruppenanruf, für den Sie als Teilnehmer bestimmt wurden, solange dieser andauert, jederzeit beitreten. Diese relativ neue Funktion ist wirklich praktisch. Wenn Sie den Anruf verpasst haben, können Sie einfach später dazustoßen. Darüber hinaus kann man das Telefonat auch kurz unterbrechen, also den Gruppenanruf mit verlassen und später wieder dazukommen.

- Der grüne Punkt 6 über dem Bereichsnamen ***Anrufe*** macht Sie darauf aufmerksam, dass ein Gruppenanruf, zu dem Sie eingeladen wurden, gerade andauert. Zeigen Sie den Bereich ***Anrufe*** an. Hier finden Sie in der Anrufliste den Gruppenchat 7 ganz oben und können diesem durch Antippen beitreten.
- Falls der Anruf aus einem Gruppenchat gestartet wurde, können Sie auch den Chat anzeigen und oben auf ***Beitreten*** 8 tippen.

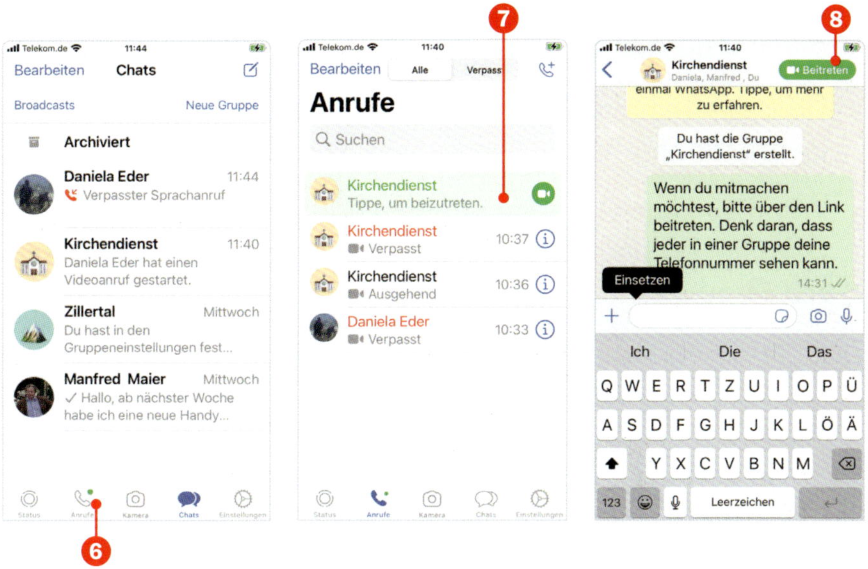

5.4 Anrufe verwalten

Im Bereich ***Anrufe*** sind alle ein- und ausgehenden Anrufe aufgelistet und mit Datum versehen. Anhand des Symbols unter dem Eintrag erkennen Sie, ob es ein Sprach- oder Videoanruf war. Verpasste Anrufe sind rot gekennzeichnet. Anrufe, die Sie getätigt haben, erscheinen in schwarzer Schrift. Dabei ist es unerheblich, ob das Telefonat zustande gekommen ist oder nicht. Wie Sie bereits erfahren haben, sind in der Anrufliste auch laufende Gruppenanrufe aufgeführt, zu denen Sie eingeladen wurden.

- Für genauere Informationen zu den einzelnen Anrufen tippen Sie auf ⓘ ❶. Die Anruf-Info wird angezeigt. Falls der Anruf zustande gekommen ist, sehen Sie die Anrufdauer (in unserem Beispiel 20 Sekunden) und das verbrauchte Datenvolumen (3 MB) ❷. Mehrere Teilnehmer eines Anrufs werden ebenfalls aufgelistet, außer der Anruf wurde aus einer Gruppe gestartet, dann ist nur der Gruppenname aufgeführt.

- Über das Telefon- bzw. Videosymbol 3 können Sie die Gruppe erneut anrufen.
- Wer mag kann Ordnung schaffen und die Anrufliste löschen. Dazu tippen Sie auf ***Bearbeiten*** 4 links oben und wählen ***Leeren*** 5 aus.

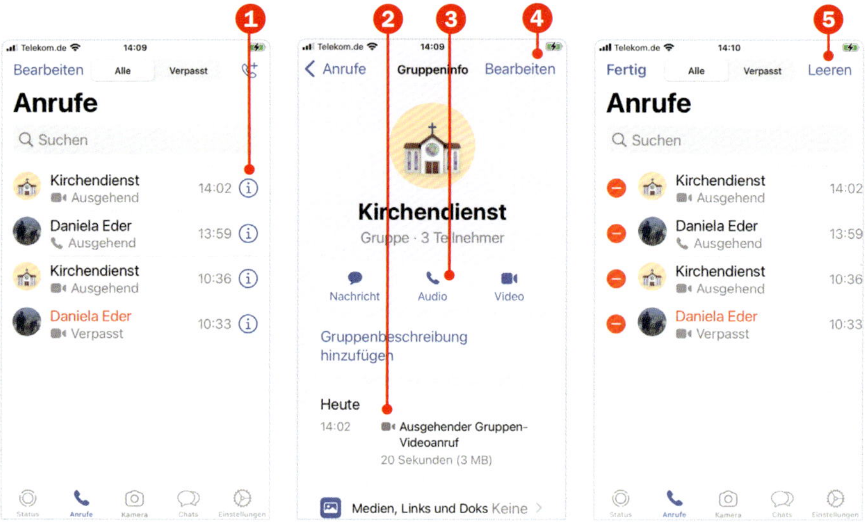

Kapitel 06

Besser chatten

Das erwartet Sie hier!

Im Prinzip sind Sie schon gut gerüstet. Sie können Nachrichten und Fotos verschicken, wissen auch, wie Sie einen Gruppenchat erstellen, und können Videotelefonate führen. Also was braucht man noch?

In diesem Kapitel geht es um Kniffe, Tricks und Befehle, die die Nutzung von WhatsApp erleichtern.

- Mit WhatsApp teilen Sie etwas schnell & unkompliziert mit: „Kannst du mich heute zum Sport mitnehmen?" Da ist es natürlich auch wichtig zu wissen, ob der andere die Nachricht gelesen hat. Hier helfen die **blauen Häkchen**.
- Man muss nicht alles doppelt schreiben, viele Infos können Sie auch **weiterleiten**. Wie das geht, erfahren Sie hier.
- Ganz wichtig ist auch der Befehl **Löschen**, besonders wenn eine Nachricht versehentlich im falschen Chat gelandet ist.
- Wussten Sie schon, dass Sie WhatsApp auch im **Browser** Ihres Computer anzeigen und bearbeiten können. Mit Tastatur und Maus geht es manchmal schneller.

Die Inhalte dieses Kapitels beziehen sich sowohl auf Einzel- als auch auf Gruppenchats. Zur Unterscheidung verwende ich diese Symbole bei Abweichungen zwischen den beiden Chatkategorien.

6.1 Information zu Chats und Empfängern

Wann war der Freund zuletzt online?

Beim Anzeigen eines Kontakts in WhatsApp sehen Sie in der Regel, unter dem Namen des Freundes, wann dieser das letzte Mal online war, also WhatsApp geöffnet hatte. Falls Ihr Freund online ist, also gerade WhatsApp nutzt, wird diese Information durch Anzeige von ***online*** weitergegeben. Sollte die Person Ihnen in diesem Moment eine Nachricht schreiben, erscheint im Chat ***schreibt***. Letzteres gilt ebenfalls für den Gruppenchat - hier sehen Sie auch, ob ein Teilnehmer der Gruppe gerade schreibt. WhatsApp nennt diese Funktion den **zuletzt online-Zeitstempel**.

Die gleichen Informationen erhalten Ihre Freunde über Sie! Wer sich hier überwacht fühlt, kann die Informationen zum Teil verbergen. Ob der Kontakt gerade online ist, wird allerdings immer angezeigt.

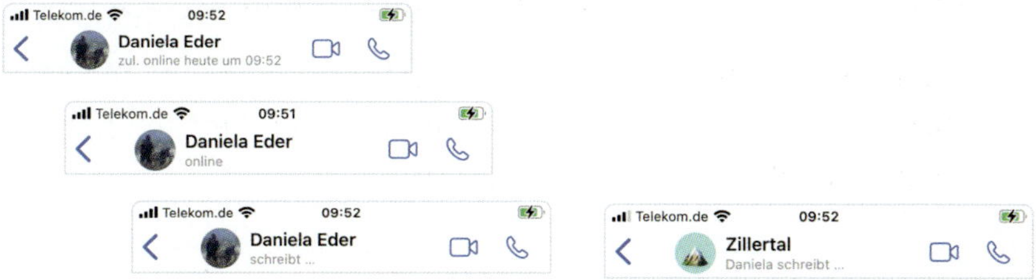

Wurde meine Nachricht gelesen?

Natürlich ist es wichtig, zu erfahren, ob der Chatpartner die Nachricht auch erhalten und gelesen hat. Das finden Sie ganz leicht im Chatfenster heraus. Hier sehen Sie am rechten Rand der versandten Nachricht ein oder zwei Häkchen, oft blau gefärbt. Diese geben Auskunft über den Status der Nachricht. Dasselbe gilt natürlich für Fotos, übersandte Dateien oder Standortinformationen und auch für Sprachnachrichten.

- Falls Ihre Nachricht noch nicht übermittelt werden konnte, erscheint ein Uhrensymbol (1) neben der Nachricht im Chat. Das passiert etwa, wenn Ihr Smartphone momentan nicht mit dem WLAN oder Mobilfunknetz verbunden ist.
- Das erste Häkchen erscheint, sobald die Nachricht versendet wurde (2). Ab jetzt liegt es am Empfänger. Falls dieser sein Smartphone beispielsweise ausgeschaltet hat, kann noch keine Zustellung erfolgen.
- Das zweite Häkchen zeigt an, dass Ihre Nachricht zugestellt wurde (3). Ab jetzt kann der Chatpartner sie lesen.
- Sobald die Häkchen blau sind (4) wurde Ihre Nachricht vom Empfänger gelesen, d. h. der Freund hat Ihren gemeinsamen Chat in WhatsApp angezeigt. Diese Funktion wird als **Lesebestätigung** bezeichnet.

Besonderheit Sprachnachrichten: Auch für die Sprachnachricht gelten diese Regeln. Die blauen Häkchen erscheinen, sobald der Empfänger den Chat geöffnet hat. Das sagt noch nichts darüber aus, ob er die Nachricht auch angehört hat. Deshalb ist bei einer Sprachnachricht, die noch nicht abgespielt wurde, das Mikrofonsymbol beim Absender grün und erst, wenn diese angehört wurde, blau.

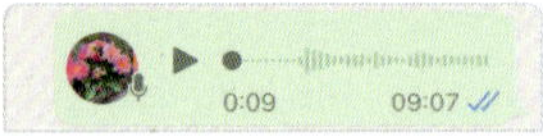

Besonderheit Gruppenchat: Erst wenn alle Gruppenmitglieder die Nachricht gelesen haben, wird diese mit zwei blauen Häkchen versehen. Analog verhält es sich mit den anderen Anzeigeoptionen.

Nachrichteninfo

Genauere Informationen zum Versand einer Nachricht, eines Fotos oder anderer Medien erhalten Sie in der Nachrichteninfo.

Für den Einzelchat bietet die Nachrichteninfo nur den Mehrwert, dass Sie erfahren, wann genau die Nachricht zugestellt bzw. gelesen wurde.

Viel interessanter ist die Nachrichteninfo allerdings im Gruppenchat, da hier Nachrichten erst als zugestellt bzw. gelesen gelten (Anzeige von zwei blauen Häkchen), wenn **alle** Teilnehmer sie erhalten bzw. gelesen haben. In der Nachrichteninfo können dann Informationen zu einzelnen Gruppenmitgliedern abgefragt werden. Gleiches gilt auch für den Broadcast. Auch hier erfahren Sie über die Nachrichteninfo, welche Empfänger die Nachricht bereits gelesen haben.

Nachrichteninfo aufrufen

- Markieren Sie die Nachricht, das Foto etc. im Chat. Dazu tippen Sie etwas länger mit dem Finger darauf ❶. Die Nachricht wird hervorgehoben.
- Das Bearbeitungsmenü wird angezeigt. Tippen Sie dann auf *Info* ❷.

Im Einzelchat sehen Sie, ob und wann die Nachricht zugestellt bzw. gelesen wurde. Im Beispiel auf der nächsten Seite wurde die Nachricht noch nicht gelesen ❸.

In der Nachrichteninfo zum Gruppenchat wird aufgelistet, wem die Nachricht zugestellt wurde und wer sie bereits gelesen hat ❹. Hat ein Gruppenmitglied das Handy gerade ausgeschaltet oder ist offline, dann kann die Nachricht nicht zugestellt werden. Diese Person wird dann in der Liste nicht angezeigt.

- Um wieder zur Übersicht zurückzukehren, tippen Sie auf den Pfeil **5** links oben.

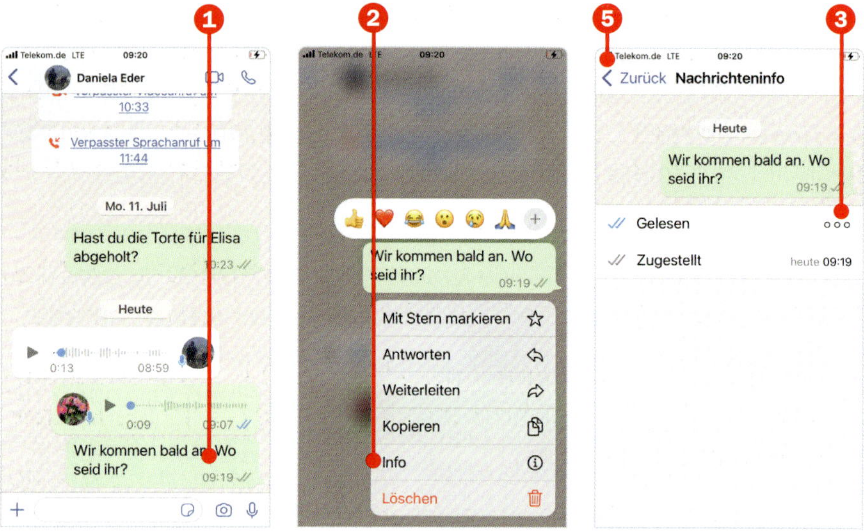

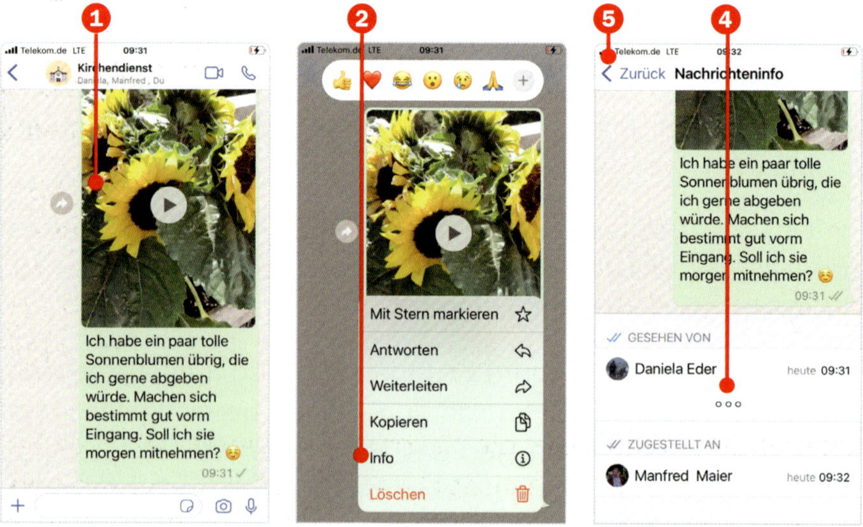

So sieht keiner, dass Sie die Nachricht schon gelesen haben

Jeder kennt die Überlegung: Wenn ich die Nachricht jetzt anschaue, muss ich auch antworten. Durch die Anzeige der Lesebestätigung weiß Ihr Chatpartner, dass die Nachricht gelesen wurde und erwartet natürlich jetzt mehr oder weniger zeitnah eine Antwort. So umgehen Sie, in Zugzwang zu geraten: Rufen Sie die neue Nachricht nicht in WhatsApp auf, sondern lesen Sie die Benachrichtigung! Dadurch gilt die Nachricht immer noch als nicht gelesen.

- Zeigen Sie die Benachrichtigungen am Smartphone an. Dazu ziehen Sie vom oberen Bildschirmrand nach unten.
- Wenn Sie etwas länger mit dem Finger auf der Nachricht bleiben ❶, wird der Nachrichtentext erweitert und Sie können eine Antwort verfassen ❷.

Eine weitere Möglichkeit, die Nachricht unbemerkt zu lesen, ist, den Chat in der Chatübersicht etwas länger mit dem Finger anzutippen und zu halten. Dann erscheint der Chat mit der neuen Nachricht in einem Vorschaufenster.

6.2 Nachricht beantworten, weiterleiten & mehr

Auf eine bestimmte Nachricht antworten

In einem Chat antworten Sie eigentlich immer auf das zuletzt Geschriebene. Wenn Sie eine Anmerkung zu einer weiter zurückliegenden Nachricht verfassen möchten, wird das schnell unverständlich. Sie können aber Ihrer Nachricht eine Kopie der Originalnachricht hinzufügen, also die ursprüngliche Nachricht zitieren. Gerade in Gruppenchats ist diese Funktion sehr nützlich, weil oftmals viele durcheinander schreiben und man dann gar nicht mehr weiß, zu welcher Nachricht die Antwort gehört. Aber auch im Einzelchat ist das hin und wieder sehr nützlich.

- **Alternative 1:** Ziehen Sie die Nachricht, auf die Sie antworten möchten, mit dem Finger nach rechts, bis ein Pfeil 1 (Grafik oben) angezeigt wird. Lassen Sie dann los.

- **Alternative 2:** Tippen Sie die Originalnachricht etwas länger an. Diese wird markiert und das Bearbeitungsmenü angezeigt. Tippen Sie auf ***Antworten*** ❷.
- Sie erhalten eine Kopie der Nachricht. Tippen Sie in das Nachrichtenfeld, um Ihre Antwort einzugeben. Versenden Sie diese wie gewohnt. Falls Sie die Nachricht doch nicht abschicken möchten, brechen Sie den Vorgang mit ⊗ ab ❸ (Grafik vorige Seite).

Das linke Bild zeigt den Gruppenchat am Handy der Person, die die Nachricht zitiert hat. Im rechten Bild sehen Sie die Nachricht am Smartphone eines anderen Gruppenmitglieds.

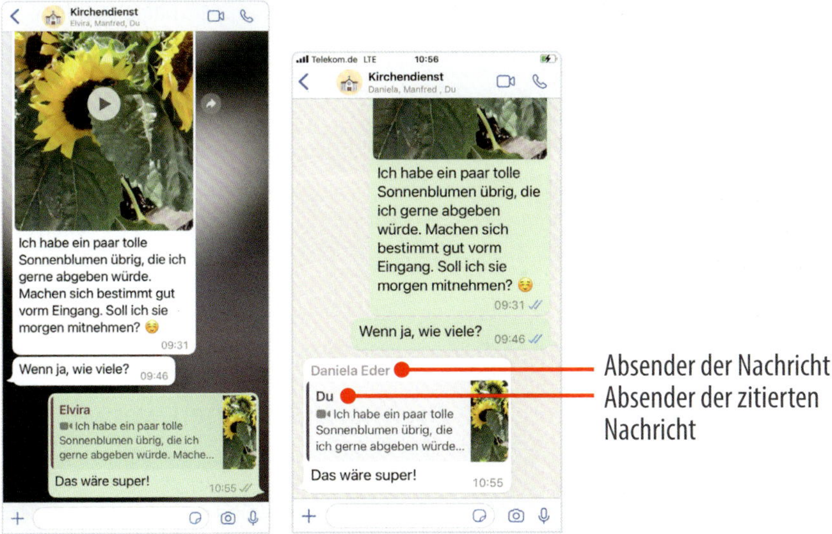

Nachricht aus Gruppenchat privat beantworten

Sie können auf eine Nachricht eines Gruppenchats auch privat im Einzelchat antworten. Damit die Nachricht, wie im vorherigen Beispiel, zitiert wird, gehen Sie so vor:

- Tippen Sie die Nachricht im Gruppenchat etwas länger an ❶.
- Öffnen Sie dann im Bearbeitungsmenü ***Mehr ...*** und wählen Sie ***Privat antworten*** ❷ aus. Dadurch wird automatisch in den Einzelchat gewechselt und Sie können Ihre Antwort eintippen und versenden.

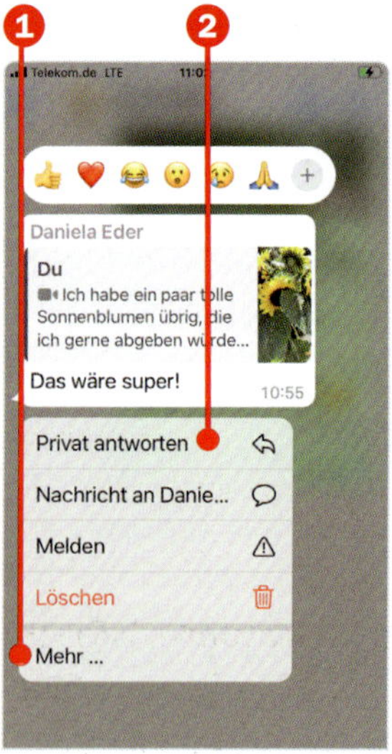

Gruppenchat, aus dem die Originalnachricht stammt

Bestimmte Person im Gruppenchat ansprechen

Um ein Gruppenchatmitglied direkt anzusprechen, verwenden Sie diese Funktion:

- Tippen Sie in das Nachrichtenfeld das @-Zeichen ❶ ein. Eine Liste der Mitglieder des Gruppenchats wird angezeigt. Wählen Sie die Person ❷ durch Antippen aus.
- Geben Sie dann den Text ein und tippen Sie auf ***Senden***.

Die angesprochene Person erkennt bereits am @-Symbol ❸ in der Chatübersicht, dass Sie in diesem Chat erwähnt wurde.

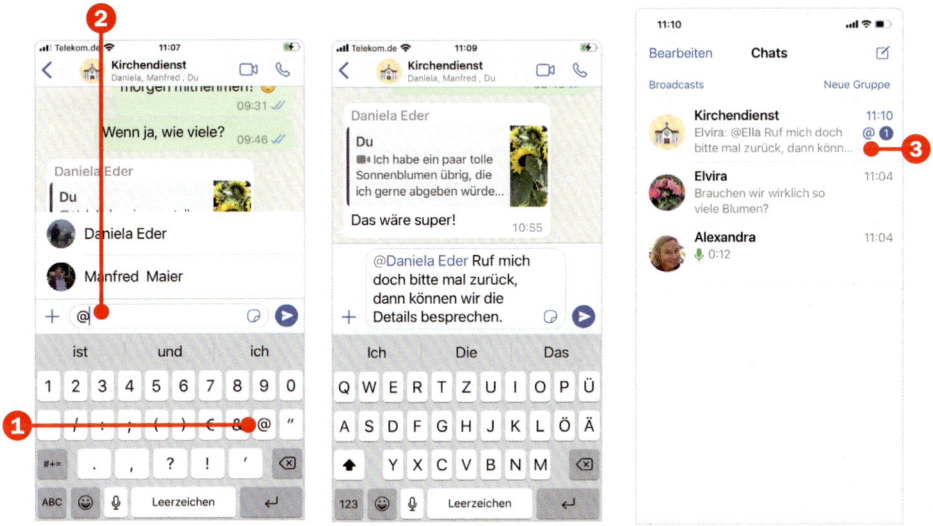

Medien an WhatsApp-Kontakte weiterleiten

Nachrichten, Fotos etc. eines Chats können an andere WhatsApp-Kontakte weitergeschickt werden. Diese Nachrichten erhalten den Hinweis „Weitergeleitet"; so weiß der Empfänger, dass der Absender nicht der Urheber der Nachricht ist. Eine Nachricht kann maximal an fünf Chats (egal ob Einzel- oder Gruppenchats) weitergeleitet werden. Sie können den Vorgang aber wiederholen.

- **Weiterleiten einer Text- oder Sprachnachricht:** Markieren Sie die Nachricht durch längeres Antippen im Chat und wählen Sie im Bearbeitungsmenü ***Weiterleiten*** 1.
- **Andere Medien:** Leiten Sie mit 2, welches neben dem Foto, Dokument, Link etc. angezeigt wird, dieses weiter.
- Wählen Sie Kontakt 3, Gruppe oder gleich mehrere Kontakte durch Antippen aus und bestätigen Sie mit ***Weiterleiten***. Wenn Sie Medien nur an eine Person weiterleiten, wird nach der Weiterleitung der Chat mit dieser Person angezeigt. Der Empfänger sieht, dass die Nachricht weitergeleitet wurde 4.

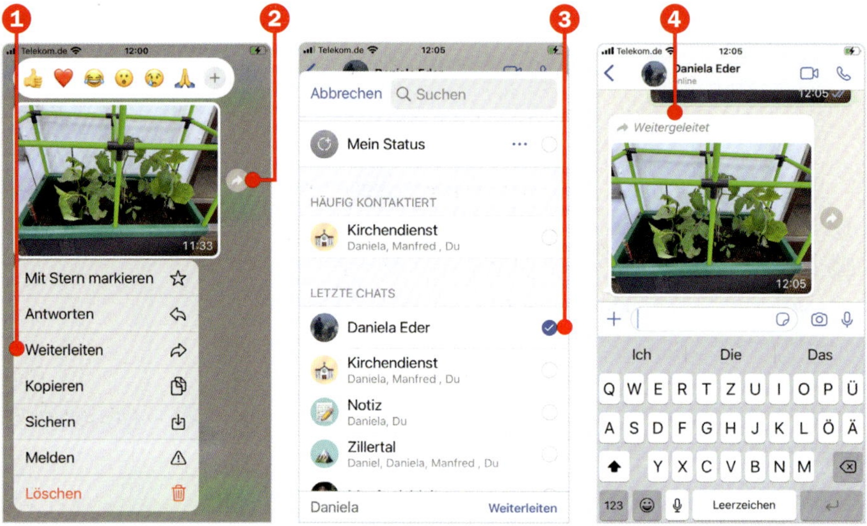

Häufig weitergeleitete Nachrichten: Lustige Welpenvideos werden tausendfach geteilt und weitergeleitet. Auf die gleiche Weise verbreiten sich aber auch Falschmeldungen schnell in den Sozialen Medien. WhatsApp weist auf ein häufig geteiltes Element durch einen Doppelpfeil hin Weitergeleitet. Damit wird dem Umstand Rechnung getragen, dass man Meldungen von Freunden eher Glauben schenkt, aber die Authentizität einer mehrfach weitergeleiteten Nachricht nur schwer überprüfbar ist.

Beim Weiterleiten einer solchen Information können dann nicht mehr mehrere Personen oder Gruppenchats auf einmal ausgewählt werden. Die Nachricht kann nur an einen Chat weitergeleitet werden. Damit soll die Verbreitungsgeschwindigkeit von Kettenbriefen oder möglicher Falschmeldungen reduziert werden.

Medien teilen

Fotos, Videos und Musik, die Sie in WhatsApp erhalten haben, können auch über andere Wege an Freunde übermittelt werden, beispielsweise als Anhang zu einer E-Mail.

- Öffnen Sie den Chat und tippen Sie das zu teilende Element, z. B. ein Foto, etwas länger an. Das Bearbeitungsmenü wird angezeigt. Tippen Sie auf ***Weiterleiten*** ❶ und danach rechts unten auf das Teilen-Symbol ❷.
- Im unteren Bereich werden alle zur Verfügung stehenden Möglichkeiten angezeigt. Die Liste erstreckt sich meist über mehrere Seiten. Zum Weiterblättern wischen Sie horizontal über das Display und wählen Ihr E-Mail-Programm ❸ aus.
- Ein Nachrichtenformular wird aufgerufen. Tippen Sie in das Feld *An* die Empfängeradresse ein, geben Sie einen kurzen Text ein und tippen Sie dann auf *Senden*.

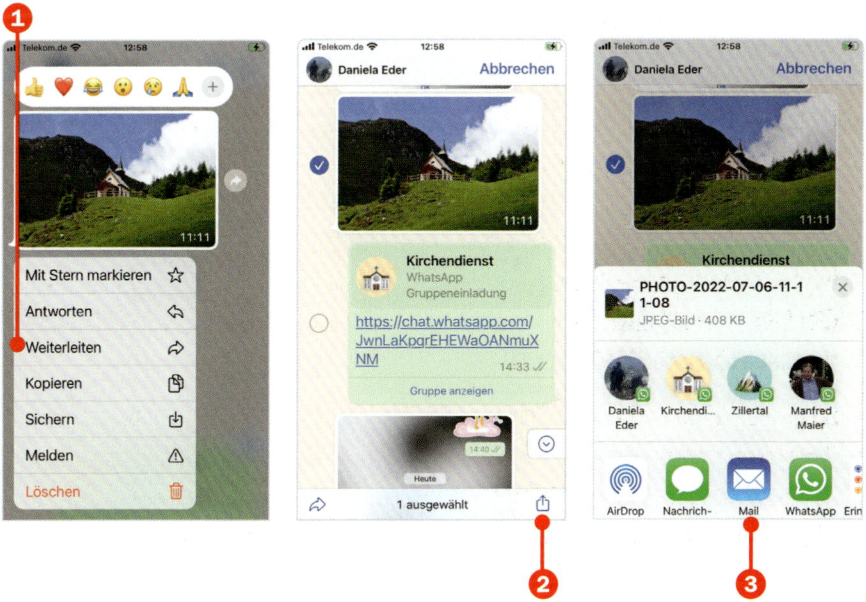

Hier stehen neben der Möglichkeit, etwas via E-Mail zu teilen, noch eine Vielzahl anderer Optionen zur Verfügung. Was genau, ist abhängig von den installierten Anwendungen auf Ihrem Smartphone und den Diensten (Facebook, Instagram), die Sie verwenden.

Einen Chat als ungelesen markieren

Mit der Funktion ***Als ungelesen markieren*** versehen Sie einen Chat in der Übersicht erneut mit einem blauen Punkt. Damit erinnern Sie sich beispielsweise daran, dass Sie dem Absender noch eine Antwort schuldig sind oder noch etwas zu erledigen ist.

- Tippen Sie den Chat in der Übersicht etwas länger an ❶, bis das Bearbeitungsmenü angezeigt wird.
- Tippen Sie auf ***Als ungelesen markieren*** ❷.
- Der Chat wird jetzt in der Übersicht mit einem blauen Punkt ❸ versehen und der Bereich ***Chats*** erhält den Hinweis auf eine ungelesene Nachricht ❹. Sobald Sie den Chat durch Antippen anzeigen, verschwinden die Markierungen wieder.

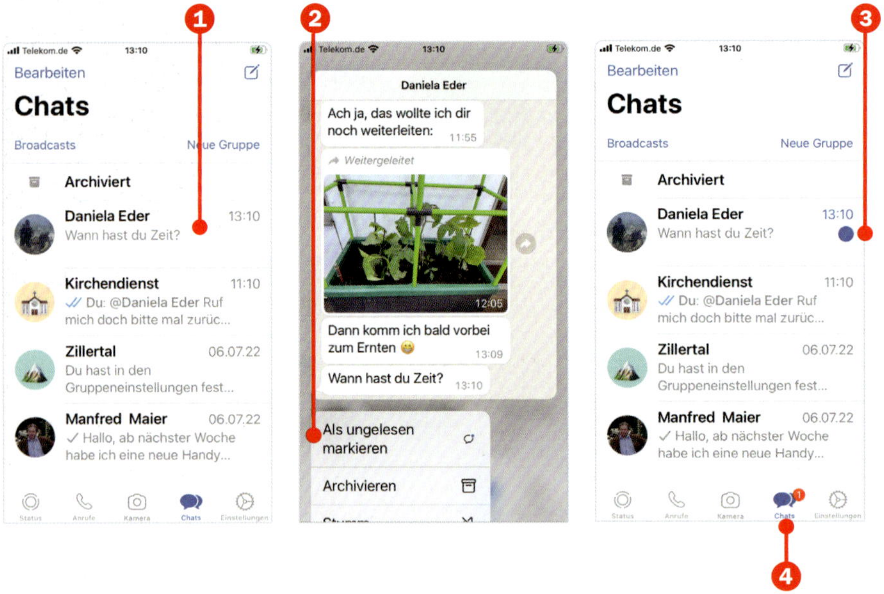

Chat stumm schalten

Standardmäßig kündigt sich jede neue Nachricht durch einen Benachrichtigungston an. Sofern das Smartphone nicht auf lautlos gestellt ist, kann daraus durch Gruppenchats mit vielen Teilnehmern und großem Mitteilungsbedürfnis ein Dauerton entstehen. Wen das ständige Gebimmel gerade stört, stellt den entsprechenden Gruppenchat einfach auf lautlos. Gleiches gilt übrigens für Einzelchats, hier ist nur in der Regel nicht so viel los.

- Zeigen Sie den Chat an, tippen Sie oben auf den Gruppennamen 1 und wählen Sie ***Stumm*** 2 aus.
- Entscheiden Sie dann, wie lange kein Signalton mehr ertönen soll 3, und bestätigen Sie mit ***OK***.

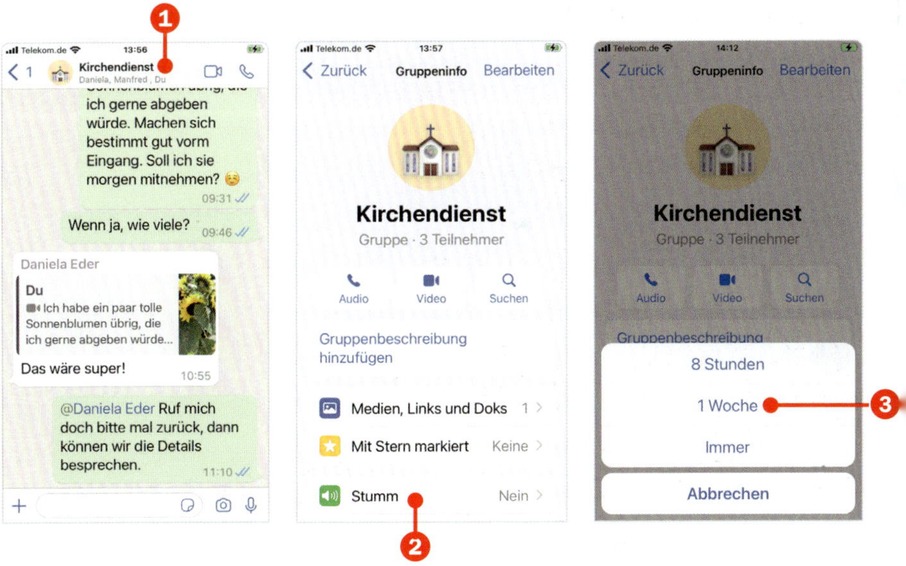

Einen stummgeschalteten Chat erkennen Sie am durchgestrichenen Lautsprechersymbol 4 (Grafik nächste Seite) im Bereich ***Chats***.

In einem Gruppenchat können Mitglieder persönlich angesprochen werden (siehe Seite 132). So versendete Textnachrichten werden trotz Stummschaltung mit einem Benachrichtigungston beim Genannten angekündigt. Mit der direkten Anrede ist oft auch eine Dringlichkeit oder ein Handlungsauftrag verbunden, deshalb soll der Angesprochene darauf aufmerksam gemacht werden.

Stummschaltung vorzeitig beenden: Tippen Sie oben auf den Gruppennamen (Namen des Freunds), um die Gruppeninfo (Kontaktinfo) anzuzeigen. Hier sehen Sie, wie lange der Chat stummgeschaltet ist. Tippen Sie darauf 5 und wählen Sie ***Ton an*** aus.

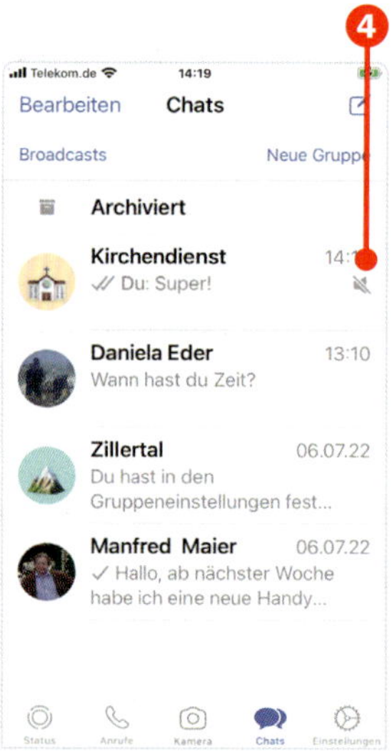

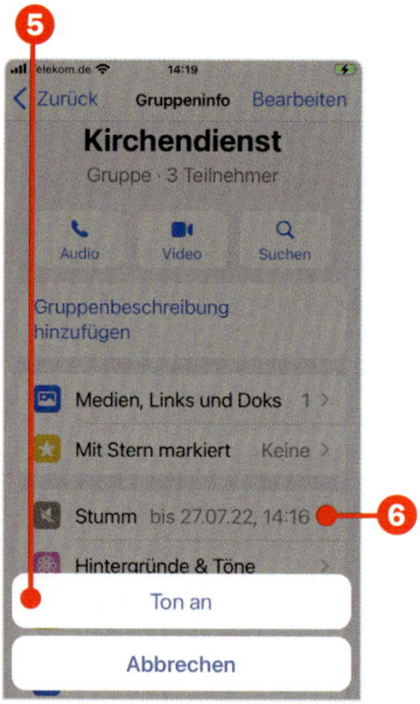

6.3 Nachrichten löschen

Versehentlich versendete Nachricht löschen

Kurz nicht aufgepasst und schon ist es geschehen: Eine Nachricht wurde versehentlich im falschen Chat eingegeben und versandt. Oder der Inhalt der Nachricht ist fehlerhaft. Alles nicht tragisch, weil Sie die Nachricht löschen können. Diese wird dann auch im Chat des Empfängers oder im Gruppenchat gelöscht. Neben Textnachrichten können auch alle anderen Medien, z. B. Standortinfos, Fotos, Videos oder Sprachnachrichten, gelöscht werden.

- Zeigen Sie den Chat an und tippen Sie die zu löschende Nachricht etwas länger an. Das Bearbeitungsmenü wird angezeigt. Tippen Sie hier auf ***Löschen*** und dann links unten auf das Papierkorbsymbol (1).
- Wählen Sie im nächsten Schritt ***Für alle löschen*** (2) aus.

Im Chatfenster wird die Meldung ***Du hast diese Nachricht gelöscht*** (3) angezeigt. Die Meldung ***Diese Nachricht wurde gelöscht*** erscheint beim Empfänger.

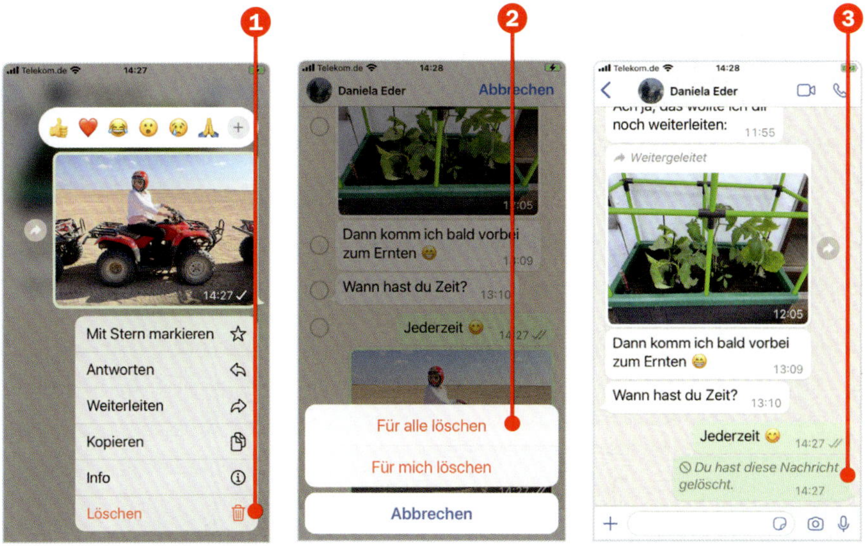

Diese spezielle Löschoption steht nur eine gewisse Zeit zur Verfügung. Zwei Stunden alte Nachrichten können so nicht mehr für alle gelöscht werden. Wird die Option nicht angeboten, ist es zu spät. Dann können Sie die Nachricht nur noch in Ihrem Chat löschen.

Wenn für die fehlerhafte Nachricht schon eine Lesebestätigung angezeigt wird (zwei blaue Häkchen), wurde die Nachricht vom Empfänger zwar schon gelesen, sie kann aber trotzdem noch gelöscht werden. Das gilt auch für den Gruppenchat.

Damit das Löschen klappt, sollten Sender und Empfänger die aktuelle WhatsApp-Version auf dem Smartphone gespeichert haben. Letztendliche Sicherheit, ob die Nachricht wirklich gelöscht wurde, erhalten Sie nicht.

Störende Nachrichten oder Medien löschen

Räumen Sie den Chatverlauf auf oder entfernen Sie Medien, die Sie nicht interessieren. Dies gilt für eigene Nachrichten und auch für fremde.

- Tippen Sie das Element etwas länger an, wählen Sie im Bearbeitungsmenü ***Löschen*** ❶ und dann das Papierkorbsymbol aus. Tippen Sie dann auf ***Für mich löschen*** ❷.
- Möchten Sie gleich mehrere Elemente löschen, markieren Sie einfach weitere durch Antippen. Unten rechts ❸ wird angezeigt, wie viele Elemente Sie markiert haben.
- Durch nochmaliges Antippen können Sie eine Markierung wieder entfernen.
- Haben Sie zu viele Elemente ungewollt markiert oder wollen Sie den Vorgang nicht ausführen, tippen Sie auf ***Abbrechen*** ❹.

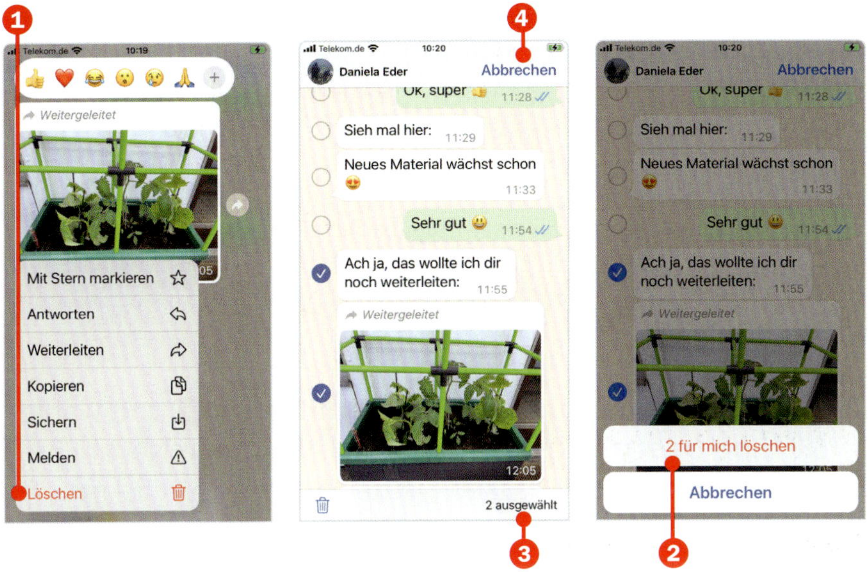

Selbstlöschende Nachrichten

Sie können bestimmen, dass Nachrichten in einem Chat nach einer bestimmten Dauer automatisch gelöscht werden. Dabei ist es unerheblich, ob der oder die Empfänger (Gruppe) die Nachricht gelesen haben. Nach Ablauf der Frist ist die Nachricht für alle verschwunden. Die Einstellung gilt ab Vereinbarung, alte Nachrichten bleiben davon unberührt.

Werden Fotos oder Videos in einem Chat mit aktivierter Löschfunktion versandt, dann werden die Medien zwar aus dem Chat gelöscht, nicht aber vom Smartphone; Fotos, Videos, Dokumente oder Audiodaten sind, sobald diese heruntergeladen wurden (also in WhatsApp betrachtet wurden), auf Ihrem Smartphone gespeichert. Nachrichten können auch an einen anderen Chat weitergeleitet werden. Diese werden dort nicht nach Ablauf der Frist gelöscht.

Die Funktion „Selbstlöschende Nachrichten“ hat mehr ordnenden Charakter und spart ein wenig Speicherplatz. Sie ist kein Datenschredder, da natürlich jeder Chatteilnehmer einen Screenshot des Chats anfertigen kann.

Selbstlöschende Nachrichten für einen Gruppenchat aktivieren

- Zeigen Sie die Gruppeninfo durch Antippen des grauen Bereichs ❶ oben an.
- Tippen Sie auf ***Selbstlöschende Nachrichten*** ❷ und wählen Sie eine Dauer ❸ aus, nach deren Ablauf die Nachrichten gelöscht werden. Verlassen Sie den Bereich durch Antippen des Pfeils links oben.

Im Gruppenchat erscheint ein Hinweis ❹, dass „Selbstlöschende Nachrichten“ aktiviert wurde. Das Profilbild des Chats erhält ein Uhrsymbol als deutlichen Hinweis auf die Funktion.

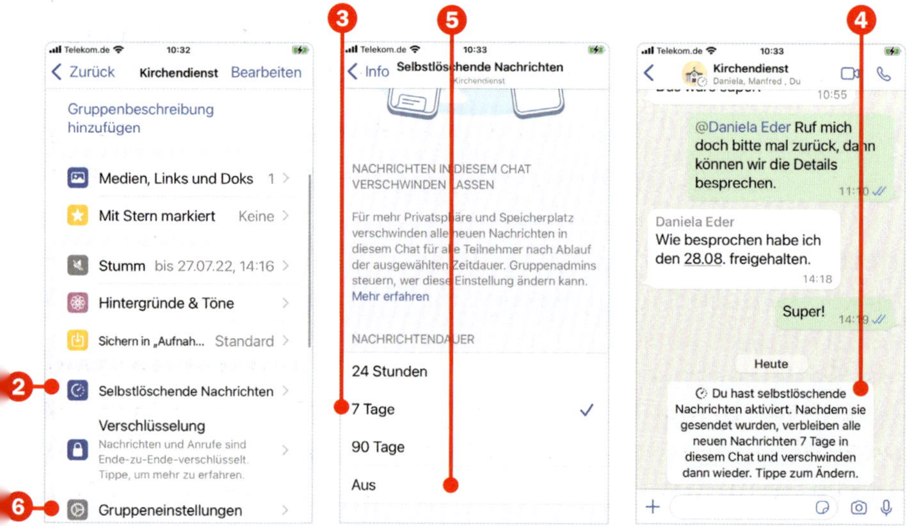

- Auf demselben Weg wird die Funktion durch Auswahl von ***Aus*** **5** wieder deaktiviert.

Grundsätzlich kann in einem Gruppenchat jedes Mitglied die Funktion aktivieren bzw. deaktivieren. Der Gruppenadmin kann das allerdings unterbinden. Dazu rufen Sie die Gruppeninfo auf, wählen ***Gruppeneinstellungen*** **6** (diese Option ist nur beim Admin verfügbar) und wählen dann ***Gruppeninfo bearbeiten*** ▶ ***Nur Admins***.

Selbstlöschende Nachrichten im Einzelchat aktivieren

Im Chat mit einer Person sind beide Partner gleichermaßen befugt, „Selbstlöschende Nachrichten" zu aktivieren bzw. wieder zu deaktivieren.

- Die Aktivierung erfolgt ähnlich wie im Gruppenchat. Tippen Sie auf den grauen Bereich oben, um die Kontaktinfo zu öffnen, und wählen Sie ***Selbstlöschende Nachrichten*** aus. Hier wählen Sie eine Nachrichtendauer aus und verlassen den Chat mit dem Pfeil links oben. Mit Auswahl von ***Aus*** deaktivieren Sie „Selbstlöschende Nachrichten" wieder.

Falls sich für Sie die Funktion als nützlich erweist, können Sie diese automatisch für alle neuen Chats vereinbaren. Wie das geht, erfahren Sie auf Seite 185.

Einmalansicht für Fotos und Videos

Sie können ein Foto oder Video so versenden, dass es vom Empfänger nur einmal betrachtet werden kann. Die Medien werden nicht in der Foto-App Ihres Chatpartners gespeichert. Das gilt sowohl für den Chat mit einer Person als auch für Gruppenchats.

- Wählen Sie ein Foto oder Video aus und fügen Sie ggf. einen Text hinzu. Tippen Sie auf **1**, um die einmalige Ansicht festzulegen. Das Symbol sieht jetzt so aus: 1. Versenden Sie die Nachricht.

Das Foto bzw. Video wird im Chat nicht angezeigt. Der Empfänger erfährt nur, dass es sich um ein Foto bzw. Video 2 handelt.

- Wenn Sie eine einmalige Nachricht erhalten, tippen Sie diese an. Das Foto bzw. Video wird angezeigt. Sobald Sie die Ansicht über den Pfeil links oben 3 verlassen, kann die Nachricht nicht nochmals betrachtet werden.

Die Nachricht wird dann als ***Geöffnet*** 4 ausgewiesen.

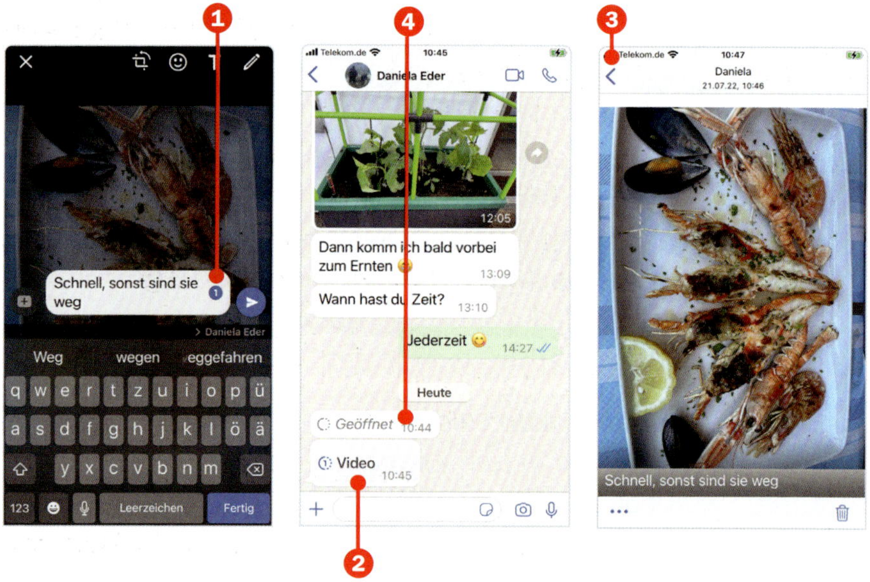

Die Problematik ist, dass auch diese Funktion nicht wirklich zum Schutz der Privatspähre beiträgt, weil ein Screenshot erstellt werden kann. Sieht man davon ab, ist es eine gute Sache, da das Foto oder Video weder weitergeleitet noch geteilt werden kann.

6.4 Absender blockieren

Erhalten Sie Nachrichten von Personen, die Sie nicht kennen, oder dokumentiert ein Bekannter seinen gesamten Tagesablauf und schickt zu viele Nachrichten und Bilder? Dann können Sie den Kontakt blockieren und es kommt nichts mehr an. Für die Blockierung ist es unerheblich, ob Sie den Kontakt im Adressbuch gespeichert haben oder nicht.

Nachrichten und alle Medien, die die Person ab der Blockierung an Sie verschickt, werden nicht mehr übermittelt. Wenn die blockierte Person einen Broadcast mit Ihnen als Empfänger versendet, erhalten Sie diesen ebenfalls nicht. Auch Anrufe über WhatsApp erreichen Sie nicht mehr. Einzig und allein in einem Gruppenchat sehen Sie noch Nachrichten der blockierten Person.

Woran erkennt man, dass man blockiert wurde?

Sie erhalten keine Meldung, dass Sie blockiert wurden. Es gibt Indizien, die nahelegen, dass eine Blockierung vorliegt:

- Im Chat werden die versendeten Nachrichten nur noch mit einem Häkchen angezeigt (versendet). Das zweite Häkchen, dass die Nachricht zugestellt wurde, erscheint nicht mehr.
- Der ***Zuletzt online-Zeitstempel*** wird nicht mehr angezeigt.
- Das Profilbild der Person, die Sie wahrscheinlich blockiert hat, wird nicht mehr angezeigt.

Blockierung einrichten

- Zeigen Sie den Chat mit der Person an, die Sie blockieren möchten. Tippen Sie auf den Kontaktnamen oben im grauen Bereich ❶ und wählen Sie ganz unten ***... blockieren*** ❷. Bestätigen Sie mit ***Blockieren***.

- Im Chat sehen Sie die Information, dass Sie den Chat blockiert haben 3.
- Sendet eine Person, die nicht in Ihrem Adressbuch hinterlegt ist, eine Nachricht, so können Sie diesen Kontakt gleich im Chat blockieren.

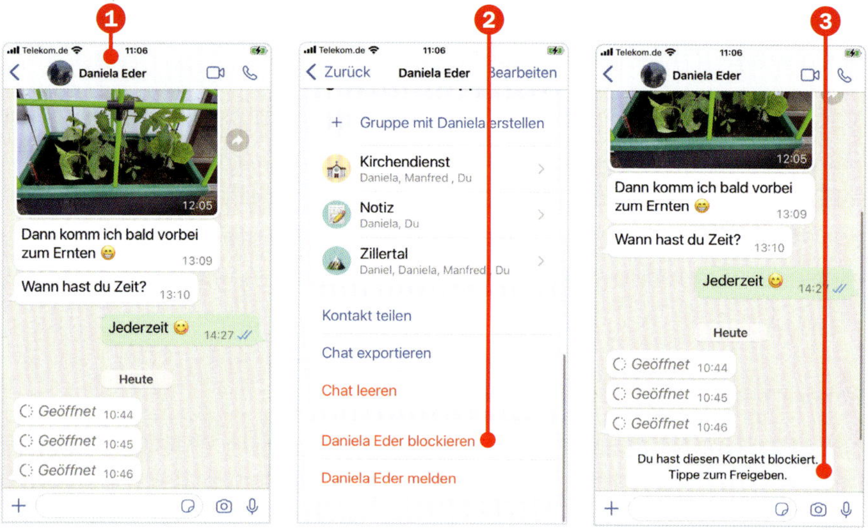

Blockierung aufheben

Rufen Sie die ***Einstellungen*** 4 in WhatsApp auf und wählen Sie ***Account*** ▶ ***Datenschutz*** 5 und tippen Sie auf ***Blockiert***, um eine Liste aller blockierten Kontakte anzuzeigen.

- Tippen Sie auf den Kontakt, dessen Blockierung Sie aufheben möchten 6, und wischen Sie in der Kontaktinfo ganz nach unten zu ***… freigeben*** 7. Wenn alles funktioniert hat, ist der blockierte Kontakt jetzt nicht mehr in der Liste aufgeführt.

Nachrichten, die während der Blockierung übersandt wurden, werden nicht nachträglich übermittelt.

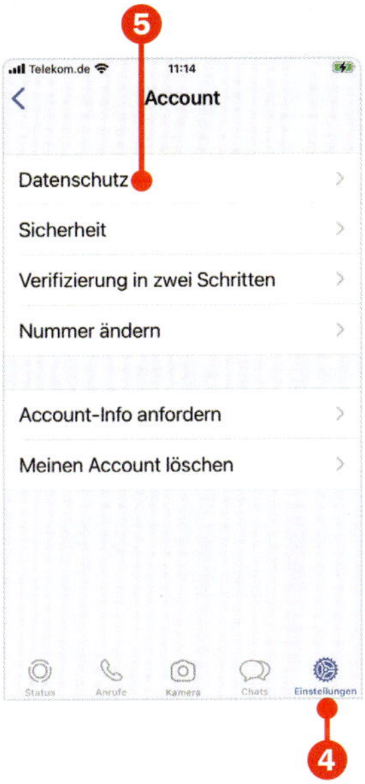
Telekom.de
11:14
Account
5
Datenschutz
Sicherheit
Verifizierung in zwei Schritten
Nummer ändern
Account-Info anfordern
Meinen Account löschen
Status
Anrufe
Kamera
Chats
Einstellungen
4

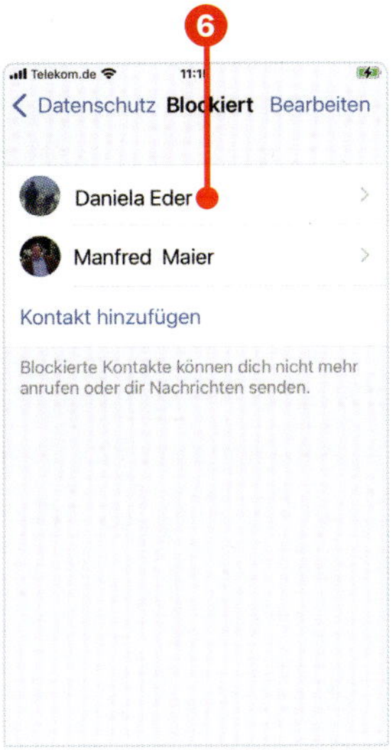
6
Telekom.de
Datenschutz
Blockiert
Bearbeiten
Daniela Eder
Manfred Maier
Kontakt hinzufügen
Blockierte Kontakte können dich nicht mehr anrufen oder dir Nachrichten senden.

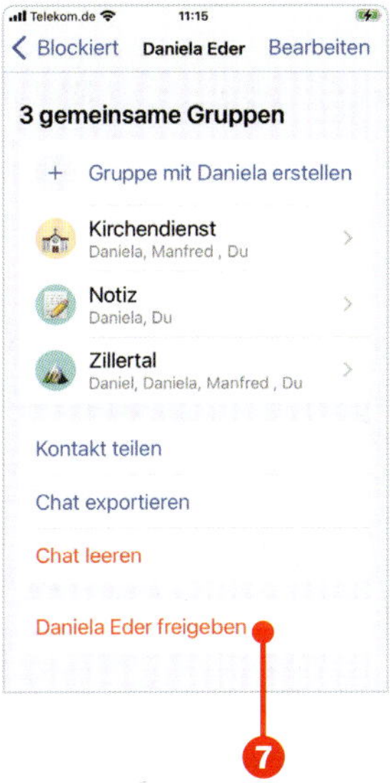
Telekom.de
11:15
Blockiert
Daniela Eder
Bearbeiten
3 gemeinsame Gruppen
Gruppe mit Daniela erstellen
Kirchendienst
Daniela, Manfred , Du
Notiz
Daniela, Du
Zillertal
Daniel, Daniela, Manfred , Du
Kontakt teilen
Chat exportieren
Chat leeren
Daniela Eder freigeben
7

6.5 WhatsApp im Browser verwenden

Ihre WhatsApp-Chats können Sie auch im Browser Ihres Computers lesen und dort ebenso Nachrichten versenden. Ich persönlich finde das sehr praktisch, da die Texte an einem großen Monitor leichter zu lesen sind und ich auf einer physischen Tastatur einfach schneller tippe. Mit Ihrem Smartphone können bis zu vier Geräte verbunden werden: Computer, Laptop oder Tablet - alles ist möglich, es muss nur ein Browser installiert sein. Eine Anzeige im Browser ist ohne ein Smartphone mit eingerichtetem WhatsApp nicht möglich. Wenn die Verknüpfung hergestellt wurde, verbindet sich das Gerät selbst mit WhatsApp. Dann kann das iPhone sogar ausgeschaltet sein.

Sollten Sie WhatsApp auf Ihrem Smartphone für eine Dauer von 14 Tagen nicht verwenden, dann werden die verknüpften Geräte automatisch abgemeldet.

WhatsApp mit dem Browser verbinden

- Öffnen Sie an Ihrem Computer/Laptop einen Browser, z. B. Microsoft Edge, Google Chrome oder Mozilla Firefox, und navigieren Sie zu ***https://web.whatsapp.com*** ❶. Falls der verwendete Browser nicht unterstützt wird, erhalten Sie Vorschläge für besser geeignete Browser.
- Öffnen Sie auf Ihrem Smartphone die WhatsApp-***Einstellungen*** und wählen Sie ***Verknüpfte Geräte***. Tippen Sie auf Ihrem Smartphone auf ***Gerät hinzufügen*** ❷ und bestätigen Sie mit ***OK***. Unter Umständen müssen Sie den Code bzw. Fingerabdruck eingeben, den Sie zum Entsperren des Smartphones verwenden. Das ist eine zusätzliche Sicherheitseinstellung.

- Scannen Sie den QR-Code auf Ihrem Computerbildschirm. Dazu halten Sie das iPhone so, dass via Kamera der QR-Code aufgenommen werden kann.

  Unter Umständen müssen Sie innerhalb dieses Prozesses den Zugriff auf die Kamera des Smartphones ermöglichen. Dazu erscheint eine Abfrage auf dem Bildschirm, die Sie durch Antippen von ***Zulassen*** bestätigen.

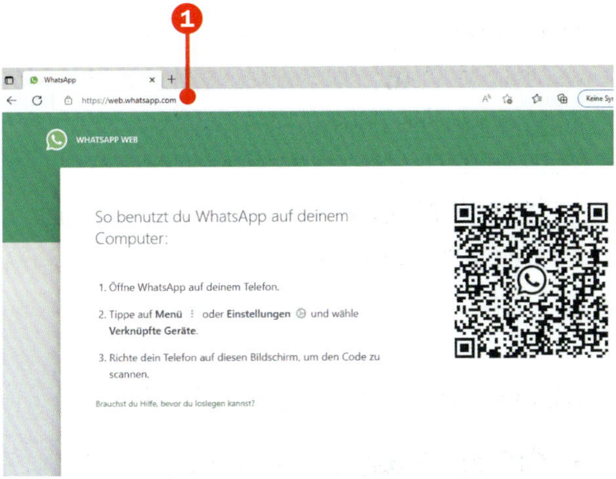

Sobald Smartphone und Browser verbunden wurden, wechselt die Anzeige im Browserfenster am Computer. Die Chatdaten werden synchronisiert und Ihre Chats werden im Browser angezeigt. Ab jetzt werden, wenn Sie die Adresse ***https://web.whatsapp.com*** in diesem Browser aufrufen, Ihre WhatsApp-Inhalte angezeigt. Sollte der Rechner allerdings nicht Ihr eigener sein, ist es besser die Verbindung nach Durchsicht Ihrer Nachrichten wieder zu trennen. Dazu gleich mehr.

Bedienung im Browser

- **Textnachricht verschicken:** Klicken Sie den gewünschten Chat auf der linken Seite an und tippen Sie rechts unten Ihre Nachricht ein ❶. Daneben finden Sie auch die Schaltfläche für Emojis ❷. Mit der Enter-Taste versenden Sie die Nachricht.
- **Foto oder Dokument versenden:** Die Datei muss auf dem Computer gespeichert sein. Klicken Sie das Büroklammersymbol ❸ an und wählen Sie aus, um ein Foto zu verschicken, oder zum Versenden von Dokumenten. Einen Link zu einer Webseite können Sie einfach in der Adressleiste des Browsers kopieren und im Nachrichtenfeld einfügen und versenden.
- **Sprachnachricht aufnehmen:** Klicken Sie auf das Mikrofon ❹, um Ihre Nachricht einzusprechen. Das Gerät muss dazu über ein Mikrofon verfügen.
- **Neue Gruppe erstellen:** Klicken Sie auf Menü ⋮ ❺ auf der linken Seite und wählen Sie *Neue Gruppe* aus.
- **Suche:** Über das Suchfeld ❻ finden Sie Chats. Tippen Sie einfach den Namen des Freundes oder der Gruppe ein. Es werden aber auch Übereinstimmungen in Chattexten gefunden.
- **Weitere Bearbeitungsoptionen:** Weitere Befehle erhalten Sie, indem Sie auf das Foto, die Nachricht etc. mit der Maus zeigen. Rechts oben wird ein Pfeil ❼ eingeblendet, der weitere Optionen durch Anklicken zur Verfügung stellt.
- **Benachrichtigung stummschalten:** Zeigen Sie den betreffenden Chat an, klicken rechts auf Menü ⋮ und wählen *Benachr. stummschalten* ❽ aus. Im nächsten Schritt entscheiden Sie, wie lange der Chat stummgeschaltet werden soll und bestätigen nochmals.
- **Meldungen:** Meldungen ❾ werden links oben über dem Suchfeld angezeigt. Dabei kann es sich um einen Hinweis auf ein Update handeln oder die Information, dass Ihr Gerät gerade nicht mit dem Internet verbunden ist.

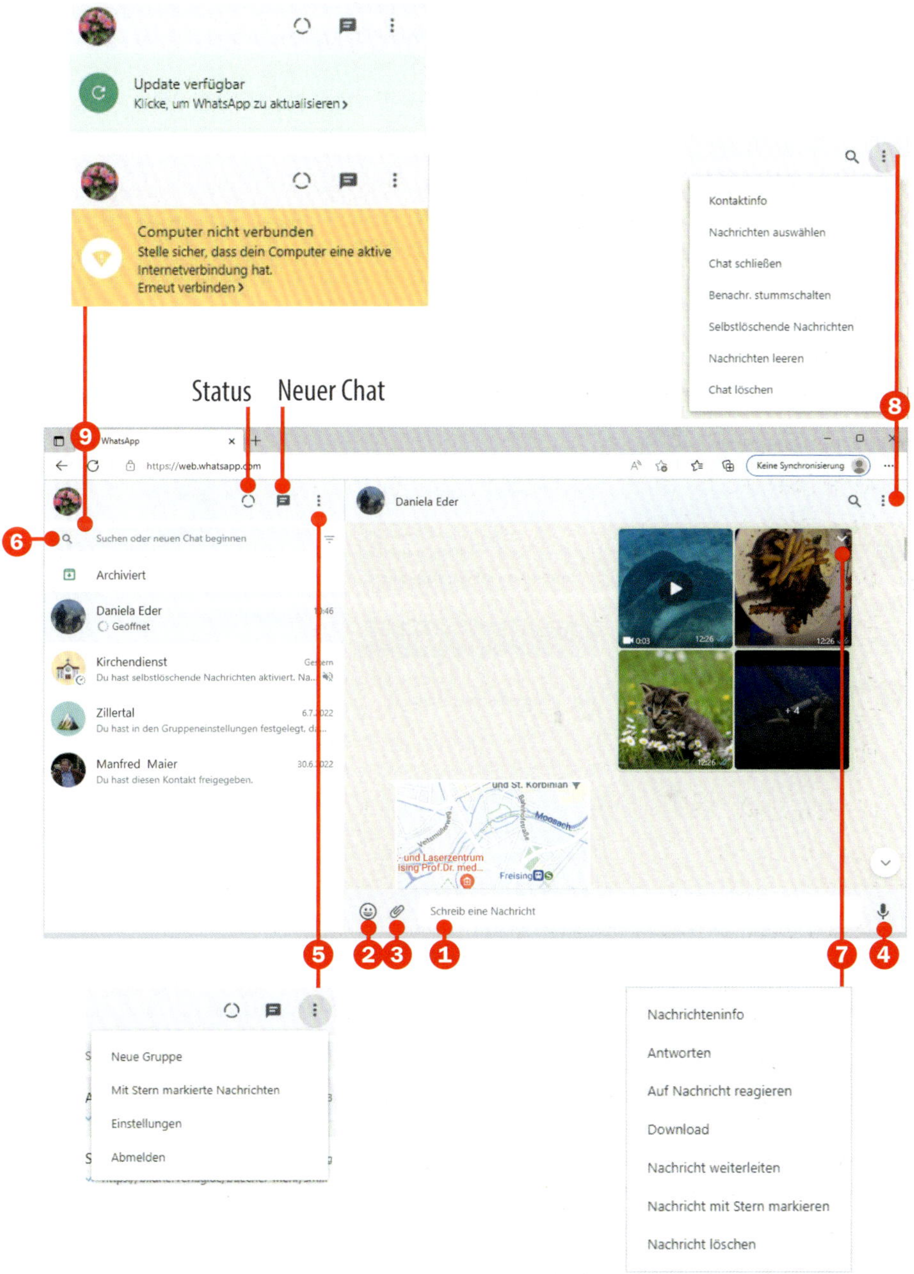
Update verfügbar
Klicke, um WhatsApp zu aktualisieren >
Computer nicht verbunden
Stelle sicher, dass dein Computer eine aktive Internetverbindung hat.
Erneut verbinden >
Kontaktinfo
Nachrichten auswählen
Chat schließen
Benachr. stummschalten
Selbstlöschende Nachrichten
Nachrichten leeren
Chat löschen
Status
Neuer Chat
WhatsApp
https://web.whatsapp.com
Keine Synchronisierung
Daniela Eder
Suchen oder neuen Chat beginnen
Archiviert
Daniela Eder
Geöffnet
Kirchendienst
Gestern
Du hast selbstlöschende Nachrichten aktiviert. Na...
Zillertal
6.7.2022
Du hast in den Gruppeneinstellungen festgelegt, d...
Manfred Maier
30.6.2022
Du hast diesen Kontakt freigegeben.
Schreib eine Nachricht
1
2
3
4
5
6
7
8
9
Neue Gruppe
Mit Stern markierte Nachrichten
Einstellungen
Abmelden
Nachrichteninfo
Antworten
Auf Nachricht reagieren
Download
Nachricht weiterleiten
Nachricht mit Stern markieren
Nachricht löschen

WhatsApp trennen

Um Smartphone und Browser zu trennen, tippen Sie im Browser auf das Menü ⋮ links und wählen ***Abmelden*** 1 aus.

Falls Sie übersehen haben, sich an einem Gerät abzumelden, auf welches Sie momentan keinen Zugriff haben, dann öffnen Sie die WhatsApp-***Einstellungen*** am Smartphone und wählen ***Verknüpfte Geräte*** aus. Hier tippen Sie auf die Verknüpfung, die Sie trennen möchten 2, und wählen dann ***Abmelden*** 3.

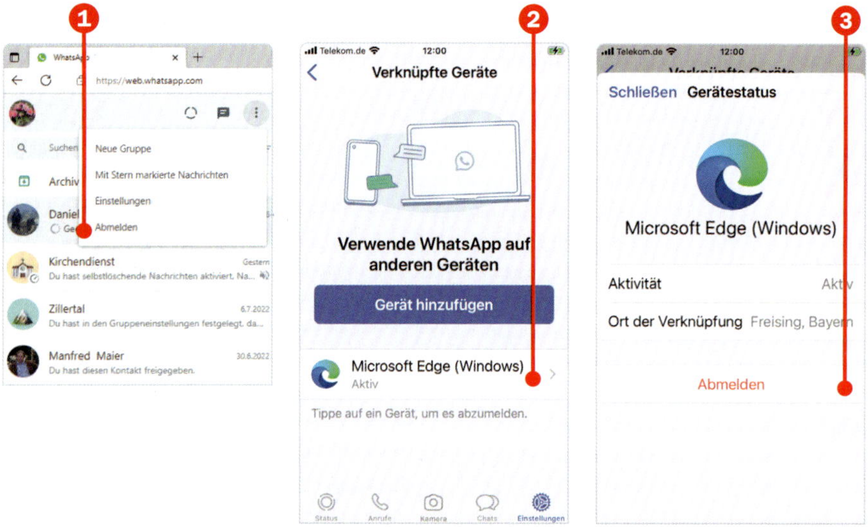

Tipp: WhatsApp Desktop herunterladen
Wer möchte, kann für einen Windows PC bzw. einen Mac die Desktop-App von WhatsApp herunterladen. Ihr Vorteil gegenüber der Webvariante ist, dass man mit der Desktop-App auch Video- und Sprachanrufe durchführen kann.

Kapitel 07

Ordnung schaffen

Das erwartet Sie hier!

Je länger Sie WhatsApp verwenden, umso mehr füllt sich die Chatliste. Am Ende der Liste finden sich meist Gruppenchats, die sich erledigt haben. Wenn Sie einem Freund länger nicht geschrieben haben, rutscht dessen Chat in der Liste auch immer weiter nach unten. In diesem Kapitel finden Sie Methoden, wie Sie trotz umfangreicher Inhalte den Überblick behalten.

- Mit den verschiedenen **Suchfunktionen** finden Sie Kontakte oder Unterhaltungen zu bestimmten Themen. Ich wusste beispielsweise das Geburtsdatum eines Bekannten nicht mehr, aber noch, dass ich ihm letztes Jahr in WhatsApp gratuliert hatte. Also schnell im Chat nach „Geburtstag“ (für alles Gute zum Geburtstag) gesucht und herausgefunden, dass ich zu spät dran war 😟.
- Die **Archivierung** verbannt Chats aus der Liste. Bei Bedarf kann der Chat aber wieder hervorgeholt werden.
- Wer hier etwas rigoroser ist, kann den Chat auch **löschen**. Dann ist alles weg und Sie starten mit einem neuen, leeren Chat das nächste Mal, wenn Sie dem Freund schreiben.
- Verschiedene **Hintergründe** bieten die Möglichkeit Chats visuell voneinander zu unterscheiden und so vorzubeugen, dass Sie Chats mit ähnlichen Namen verwechseln.

7.1 Gesucht und gefunden

Nach Text in einem Chat suchen

Einmal im Nachrichtenfieber können Chats sehr umfangreich werden. Wer da einen bestimmten Eintrag sucht, muss viel blättern und lesen. Deshalb stellt WhatsApp in Chats, Gruppenchats und Broadcasts über das Menü eine Suchfunktion zur Verfügung.

- Tippen Sie oben im Chat auf den grauen Bereich 1 zur Anzeige der Gruppen- bzw. Kontaktinfo und wählen Sie ***Suchen*** 2 aus.
- Geben Sie den Suchbegriff in das Feld ein. Nach den ersten Buchstaben erscheinen bereits Treffer. Falls der Suchbegriff mehrmals vorkommt, navigieren Sie mit 3 ^ (Suche aufwärts) oder ⌄ (Suche abwärts) zu den einzelnen Treffern. Treffer sind gelb hinterlegt 4.
- Die Suche verlassen Sie mit ***Abbrechen*** rechts oben 5.

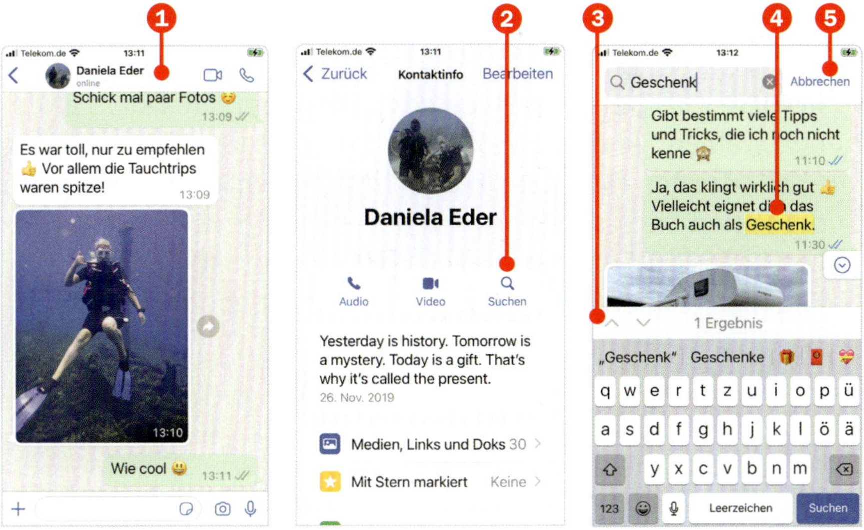

Chats und Anrufe durchsuchen

Wer nicht weiß, in welchem Chat sich das Gesuchte verbirgt, kann auch die einzelnen Bereiche ***Status***, ***Anrufe***, ***Chats*** und die Kontaktliste durchsuchen. Ich verwende die Suche gerne, um einen Chat oder Gruppenchat aufzurufen, den ich in der Übersicht gerade nicht entdecken kann. Dazu geben Sie einfach den Namen der Person oder des Gruppenchats ein. Natürlich können Sie auch nach einem Begriff suchen.

- Zeigen Sie den Bereich an, der durchsucht werden soll, z. B. ***Chats***, und tippen Sie oben in die Suchleiste ❶. Sollte die Leiste nicht angezeigt werden, wischen Sie vertikal nach unten.
- **Suchbegriff eintippen:** Geben Sie den Suchbegriff ❷ ein.
- **Filter:** Es stehen auch einige praktische Filter ❸ zur Verfügung, die Sie unter dem Suchfeld finden und durch Antippen auswählen. Die Filter ***Fotos***, ***Links***, ***Audio*** etc. ❹ grenzen das Suchfeld auf diese Elemente ein.
- Suchbegriff und Filter können kombiniert werden, um die Treffermenge weiter einzugrenzen.
- **Trefferliste:** Die Trefferliste wird darunter angezeigt. Durch Antippen wählen Sie das gewünschte Element aus: Wenn Sie den Chat anzeigen möchten, in dem das Gesuchte verschickt wurde, tippen Sie auf den Namen der Person bzw. des Gruppenchats ❺. Das Gesuchte ist gelb ❻ markiert. Möchten Sie Link, Foto oder Dokument ❼ separat aufrufen, tippen Sie dieses an.
- Wenn Sie nach einem Namen suchen, werden zunächst die Einzelchats angezeigt, die zu diesem Namen passen, darauf folgen die Gruppenchats und Kontakte. Danach finden Sie eine Liste von Nachrichten, in denen der Name genannt wurde.
- Um mehr von der Liste zu sehen, wischen Sie oberhalb der Tastatur kurz über das Display.

- Zur Neueingabe eines Suchbegriffs tippen Sie auf x **8**. Um die Suche zu beenden, ohne ein Element auszuwählen, tippen Sie auf ***Abbrechen*** **9** rechts oben.

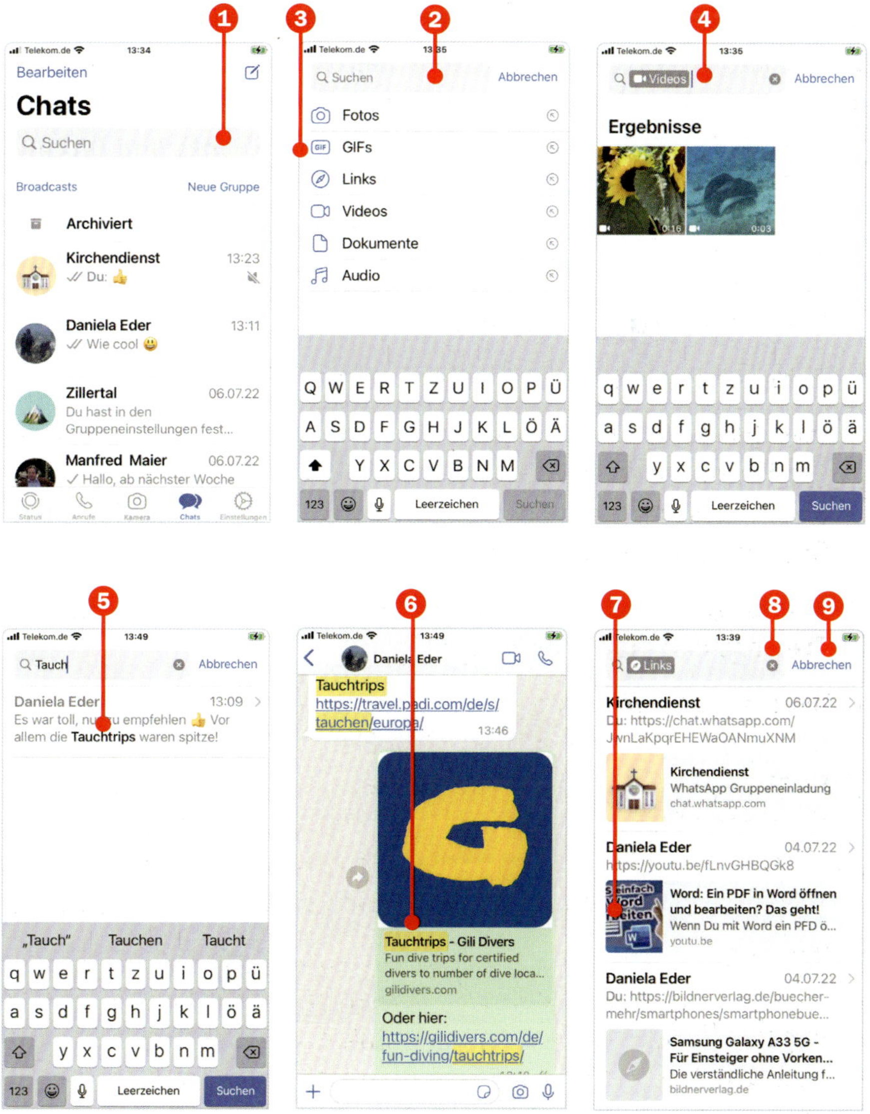

Medien eines Chats anzeigen

Sie können alle Medien, Dokumente und Links, die in einem Chat ausgetauscht wurden, separat und übersichtlich anzeigen. Auch hier können Sie fündig werden, wenn Sie nach einem dieser Elemente suchen.

- Tippen Sie im Einzelchat auf den Kontaktnamen ganz oben im grauen Bereich und wählen Sie ***Medien, Links und Doks*** ❶ bzw. aus.

Hier stehen drei Bereiche zur Verfügung: Bei ***Medien*** ❷ sehen Sie alle Fotos, Videos und Audiodateien, die Sie von der Person erhalten oder an diesen Freund versendet haben. In ***Doks*** (Dokumente) finden Sie alle PDFs sowie Word- oder Excel-Dateien. In ***Links*** sind alle ausgetauschten Weblinks aufgeführt.

- Wechseln Sie zwischen den Bereichen durch horizontales Wischen oder Antippen.

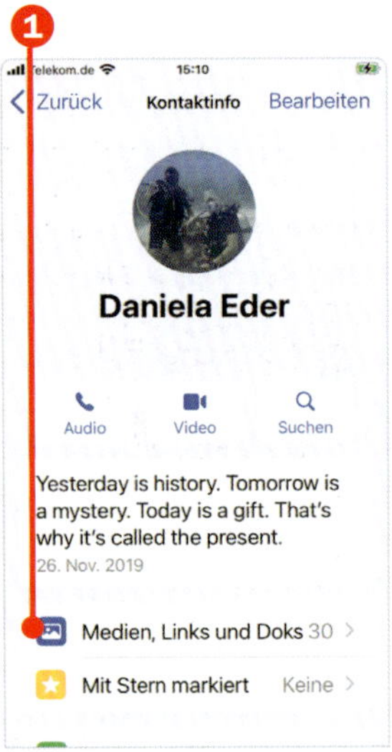

- Tippen Sie eine Datei länger an, um sie weiterzuleiten oder zu löschen. Die Befehle ❸ werden im Bearbeitungsmenü angezeigt.

- Durch Antippen eines Links zeigen Sie die Webseite an.
- Den Bereich verlassen Sie über das Pfeilsymbol links oben.

Einzelne Nachrichten mit Stern markieren

Sie können auch vorsorgen und einzelne Elemente eines Chats, z. B. ein Foto oder eine Nachricht, gleich mit einer Markierung versehen. Alle markierten Elemente, egal aus welchem Chat, werden dann gemeinsam in einer Liste angezeigt. So können Sie eine Merkliste mit Elementen erstellen, für die Sie noch etwas erledigen müssen. Natürlich können Sie auch einfach Fotos, Videos oder Sprüche markieren, die Sie gut finden, und so eine Sammlung zusammenstellen.

Toller Nebeneffekt: Wenn Sie versuchen, einen Chat zu löschen, der mit Stern markierte Nachrichten enthält, erscheint eine Meldung, die auf diesen Umstand hinweist.

Inhalte auswählen

- Markieren Sie die Nachricht durch längeres Antippen. Das Bearbeitungsmenü wird angezeigt. Tippen Sie auf ***Mit Stern markieren*** 1. Gleichzeitig erhält das Element einen Stern 2 zur Kennzeichnung.

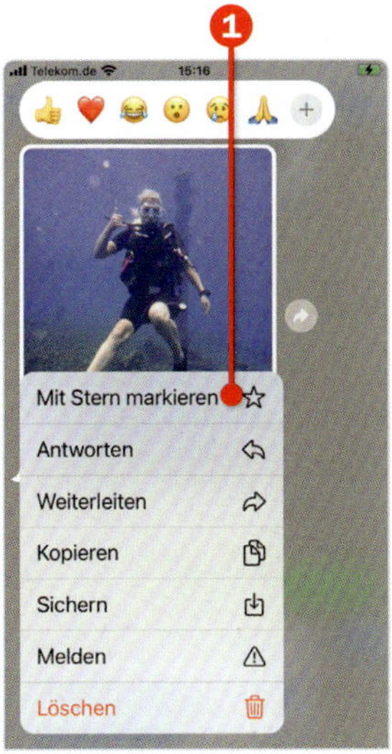

Ausgewählte Inhalte anzeigen

- Rufen Sie die WhatsApp-***Einstellungen*** auf. Über ***Mit Stern markiert*** ❸ öffnen Sie Ihre „Sternliste“.
- **Chat anzeigen, zu dem das Element gehört:** Am oberen Rand eines jeden Eintrags sehen Sie, in welchem Chat sich das markierte Element befindet. Tippen Sie auf den Namen ❹, um den Chat anzuzeigen. Mit dem Pfeil links oben kommen Sie wieder zur Sternliste. Links können Sie durch Antippen auch über die Sternliste aufrufen, Sprachnachrichten auch hier abspielen.
- **Element aus der Übersicht entfernen:** Markieren Sie das Element ❺ durch längeres Antippen. Das Bearbeitungsmenü wird angezeigt. Tippen Sie auf ***Stern entfernen*** ❻.
- **Mehrere Elemente aus der Sternliste entfernen:** Zeigen Sie die Sternliste an, tippen Sie rechts oben auf ***Bearbeiten*** ❼, markieren Sie die Elemente, die Sie entfernen wollen und bestätigen Sie mit .

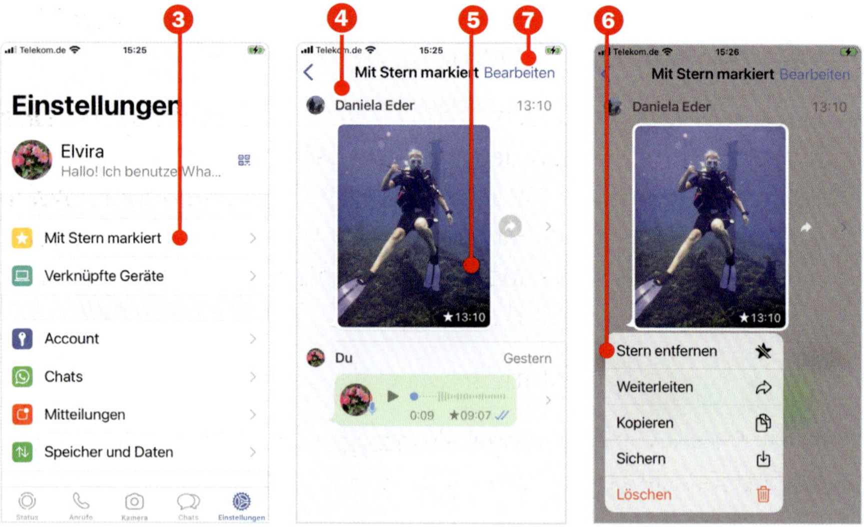

7.2 So gewinnen Sie mehr Übersicht

Hier möchten wir Ihnen ein paar Möglichkeiten vorstellen, wie Sie bestimmte Chats schneller aufrufen oder mit einem Farbsystem besser voneinander unterscheiden.

Bessere Unterscheidung mit unterschiedlichen Hintergründen

Jedem Chat kann ein eigener Hintergrund zugewiesen werden. Das wäre natürlich ein bisschen viel Arbeit. Sie können aber beispielsweise für alle Familienmitglieder dieselbe Farbe vergeben oder Freunden mit ähnlichen Namen sehr unterschiedliche Hintergründe zur besseren Unterscheidung zuweisen.

- Zeigen Sie den Chat an, tippen Sie auf den Kontaktnamen oben im grauen Bereich und wählen Sie ***Hintergründe & Töne*** aus. Tippen Sie auf ***Neuen Hintergrund wählen***. In den Kategorien ***Leuchtend*** und ***Dezent*** stehen fotografierte Hintergründe zur Auswahl, bei ***Uni-Farben*** ❶ finden Sie einfarbige Angebote. Auch ein eigenes Foto kann ausgewählt werden.
- Tippen Sie den gewünschten Hintergrund ❷ an. Sie sehen eine Vorschau. Wenn Ihnen der Hintergrund nicht zusagt, verlassen Sie die Vorschau mit ***Abbrechen*** und treffen eine andere Wahl. Bei einem einfarbigen Hintergrund können Sie durch Antippen von ❸ die WhatsApp-Skizze ausblenden und einen ganz einfarbigen Hintergrund anzeigen.
- Mit ***Festlegen*** ❹ bestätigen Sie die Auswahl.
- Wenn Sie wieder zum Originalhintergrund zurückkehren möchten, tippen Sie auf ***Eigenen Hintergrund entfernen*** ❺.

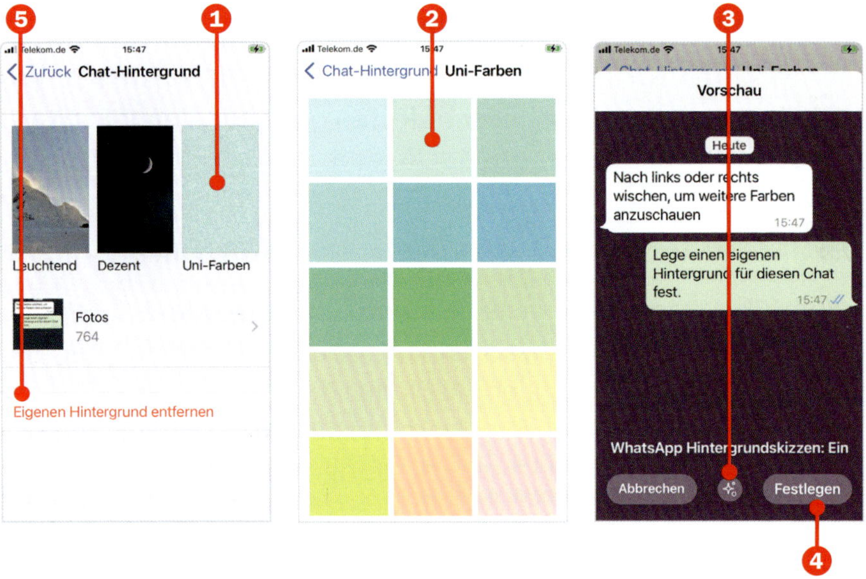

Chat anheften

Sie können einen Chat (Einzel- oder Gruppenchat) am Anfang der Chatliste fest verankern. Auch neue Nachrichten in anderen Chats ändern nichts an der Reihenfolge, der fixierte Chat bleibt ganz oben. Auf diese Weise können bis zu drei Chats angepinnt werden.

- **Chat fixieren:** Ziehen Sie den Chat, der oben angeheftet werden soll, nach rechts. Wählen Sie den Befehl ***Fixieren*** ❶. Der Chat wird jetzt mit einem Pinsymbol ❷ angezeigt.
- **Chat lösen:** Um die Fixierung eines Chats wieder aufzuheben, wiederholen Sie den Vorgang und tippen auf ***Lösen*** ❸.

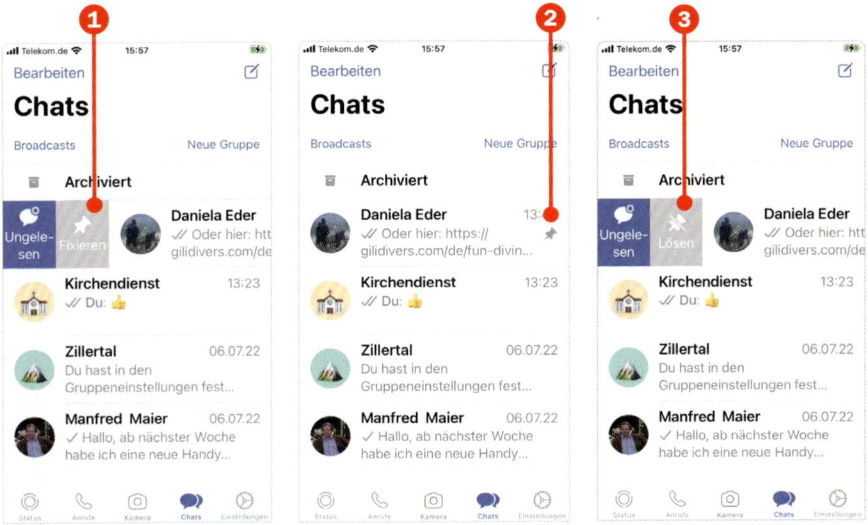

Chats archivieren

Es gibt Chats, über die ständig Nachrichten versendet werden, und andere, die immer weiter nach unten rutschen und kaum mehr beachtet werden. Am Ende der Chatliste stören sie eigentlich nicht. Wer gern Ordnung hat und eine übersichtliche, kurze Chatliste bevorzugt, kann Chats archivieren. Dadurch verschwinden die Chats aus der Liste, werden aber nicht gelöscht, sondern im **Archiv** gesammelt. Alle Arten von Chats und auch Broadcast-Listen können archiviert werden.

Falls Sie die Archivierung ausprobieren möchten, müssen Sie noch entscheiden, wie verfahren werden soll, wenn eine neue Nachricht in einem archivierten Chat eingeht. Sie haben zwei Optionen:

1 Der Chat wird automatisch wieder in die Chatliste verschoben. Dasselbe geschieht, wenn Sie der Person schreiben. Das Archiv ❶ wird in diesem Fall über der Chatliste angezeigt. Um das Archiv einzublenden, wischen Sie mit dem Finger auf dem Display nach unten.

2 Der Chat verbleibt im Archiv. Lediglich neben dem Archiv wird eine Nummer in blauer Farbe ❷ angezeigt, die darauf hinweist, dass eine neue Nachricht eingegangen ist. Das Archiv wird oben in der Chatliste angezeigt, damit Sie den Hinweis nicht übersehen. Werden Sie in einem archivierten Gruppenchat erwähnt, erscheint das @-Symbol ❸ beim Archiv.

- **Archiveinstellung festlegen:** Rufen Sie die WhatsApp-*Einstellungen* ❹ auf und tippen Sie dann auf *Chats* ❺. Der Regler bei *Chats im Archiv lassen* ❻ ist eingeschaltet, wenn Sie möchten, dass die Chats immer im Archiv verbleiben. Schalten Sie den Regler aus ❼, wenn Sie möchten, dass der Chat beim Eingang einer neuen Nachricht wieder in der Chatliste erscheint. Durch Antippen des Reglers schalten Sie ihn ein und aus.

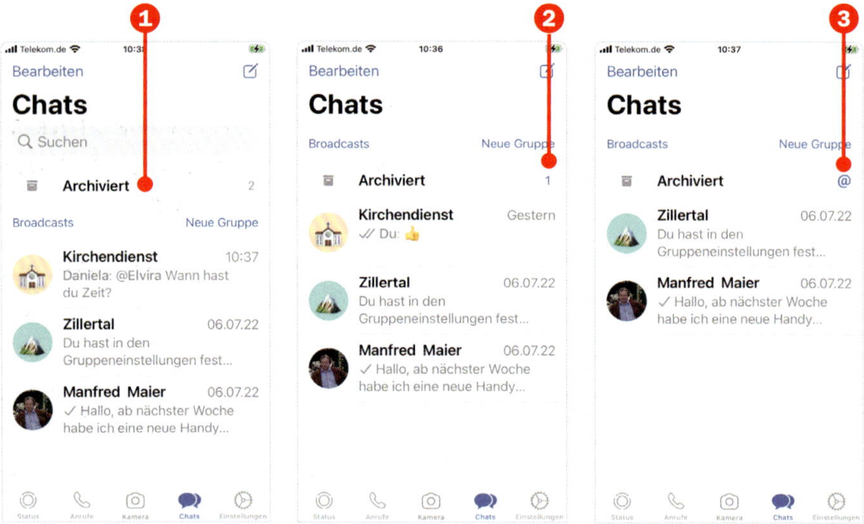

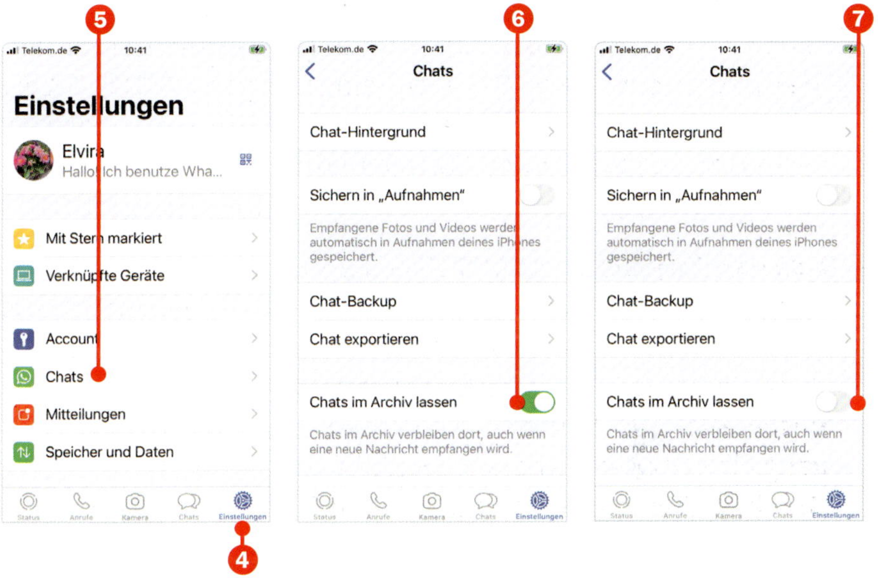

- **Chat archivieren:** Ziehen Sie den Chat, den Sie archivieren möchten, nach links 7. Der ausgewählte Chat wird jetzt aus der Übersicht in den Bereich ***Archiviert*** 8 verschoben.

  Wenn Sie die Option ***Chats im Archiv lassen*** gewählt haben, dann können Sie neue Nachrichten nur lesen, wenn Sie das Archiv öffnen. Wenn das Archiv nicht angezeigt wird, wischen Sie über dem Bildschirm mit dem Finger nach unten. Das Archiv erscheint dann über der Chatübersicht. Tippen Sie den Bereich ***Archiviert*** an und öffnen Sie dann den Chat durch Antippen.

- **Archivierung aufheben:** Tippen Sie im Bereich ***Chats*** auf ***Archiviert***, um die archivierten Chats anzuzeigen. Ziehen Sie den Chat, den Sie wieder in der Chatliste anzeigen möchten, nach links 9.

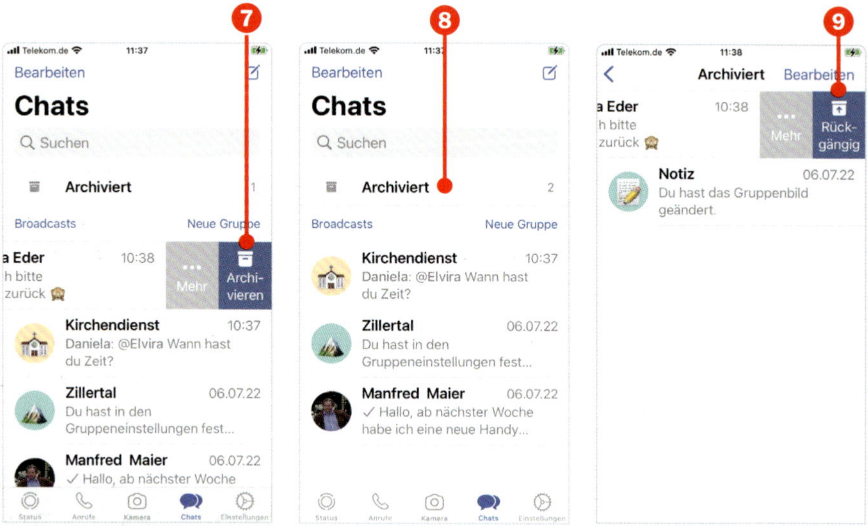

Tipp: Inkognito einen Gruppenchat „verlassen“

Gerüchte besagen, dass eine Funktion in WhatsApp integriert werden soll, die es möglich macht, eine Gruppe zu verlassen, ohne dass die Meldung *XY hat die Gruppe verlassen* im Gruppenchat angezeigt wird. Nur die Administratoren sollen darüber informiert werden. Bis zur Drucklegung des Buchs war das noch nicht möglich. Allerdings können Sie mit einem Trick einen Gruppenchat nachhaltig stilllegen. Dazu schalten Sie den Chat dauerhaft stumm (siehe Seite 139) und archivieren ihn dann. Sie müssen als Archiveinstellung *Chats im Archiv lassen* aktivieren, da sonst bei jeder neuen Nachricht der Chat wieder aus der Archivierung hüpft.

7.3 Aufräumen und Speicherplatz freigeben

Chat löschen

Wenn Sie etwas konsequenter aufräumen möchten und nicht an den versendeten Nachrichten hängen, dann löschen Sie alte Chats. Dadurch entfernen Sie alle Nachrichten. Der Kontakt bleibt selbstverständlich in der Kontaktliste erhalten und kann für einen **neuen** Chat dort ausgewählt werden. Auf die folgende Weise können nur Einzelchats gelöscht werden. Wie Sie einen Gruppenchat löschen, haben Sie bereits auf ??? erfahren.

- Zum Löschen eines Chats tippen Sie diesen in der Übersicht etwas länger an. Der Chat wird ausgewählt und das Bearbeitungsmenü angezeigt. Tippen Sie auf ***Löschen*** 1.

Chat leeren

Um einen Chat zu leeren, müssen Sie diesen zunächst anzeigen. Tippen Sie dann auf den Kontaktnamen oben im grauen Bereich und anschließend ganz unten auf ***Chat leeren*** 2. Falls der Chat mit Stern markierte Nachrichten beinhaltet, erhalten Sie einen Hinweis. Sie können den Inhalt dennoch löschen. Tippen Sie auf ***Alle Nachrichten löschen*** 3. Sonst bleiben diese Nachrichten im Chat erhalten.

Nach dem Löschen bleibt der Chat selbst als Eintrag in der Chatliste erhalten.

Chats können auch auf einmal archiviert, geleert oder gelöscht werden. Die Befehle dazu finden Sie unter ***Einstellungen*** ▶ ***Chats*** ▶ ***Alle Chats archivieren***.

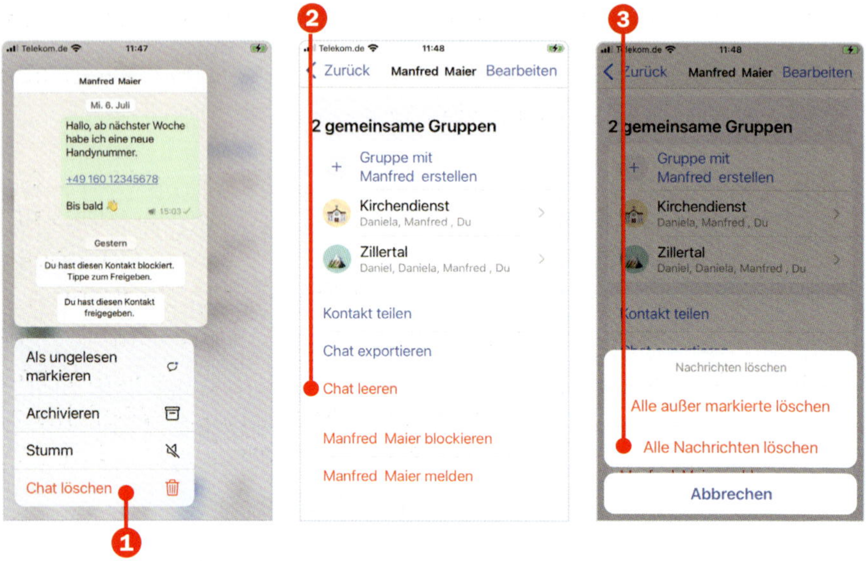

Speicherintensive Chats bzw. Medien löschen

Wenn das Smartphone meldet, dass der Speicherplatz fast voll ist, sollten Sie auch WhatsApp kontrollieren. So stellen Sie fest, welche Chats viel Speicherplatz belegen:

- Rufen Sie die WhatsApp-Einstellungen auf und tippen Sie dann auf ***Speicher und Daten*** ▶ ***Speicher verwalten***.

Hier werden unter der Bezeichnung ***Häufig weitergeleitet*** ❶ Videos, Fotos etc. aufgelistet, die von vielen Personen in WhatsApp geteilt wurden. Meist handelt es sich dabei um spaßige Videos, die in der Masse viel Speicherplatz belegen, an denen man aber nicht wirklich hängt. Außerdem ist es möglich, dass hier mehrere Kopien desselben Videos angezeigt werden, da Sie diese in unterschiedlichen Chats erhalten haben. Darüber finden Sie den Bereich ***Größer als 5 MB*** ❷. Hier werden Bilder und Videos angezeigt, die viel Speicherplatz belegen. Am Ende sind alle Chats ❸ nach der Größe des belegten Speicherplatzes aufgeführt.

- Durch Antippen zeigen Sie die Inhalte der einzelnen Bereiche an.
- Zum Betrachten eines Videos tippen Sie es kurz an. Über den Pfeil links oben gelangen Sie wieder zur Übersicht.
- **Foto/Video löschen:** Wenn Sie ein Element löschen möchten, tippen Sie etwas länger darauf und wählen im Bearbeitungsmenü ***Löschen***. Wollen Sie mehrere Fotos/Videos löschen, tippen Sie rechts oben auf ***Wählen*** und versehen die Elemente mit einem blauen Häkchen. Zum Löschen tippen Sie auf das Papierkorbsymbol 4 und bestätigen mit ***Objekte löschen***. Wenn das Element mehrfach vorliegt, erhalten Sie die Möglichkeit, auch die Kopien zu löschen. Wählen Sie dann ***Objekte und alle Kopien löschen*** 5.

Achtung! Diese Aktion kann nicht rückgängig gemacht werden. Wenn Sie doch nichts löschen möchten, verlassen Sie den Bereich durch ggf. mehrfaches Drücken des Zurück-Pfeils links oben.

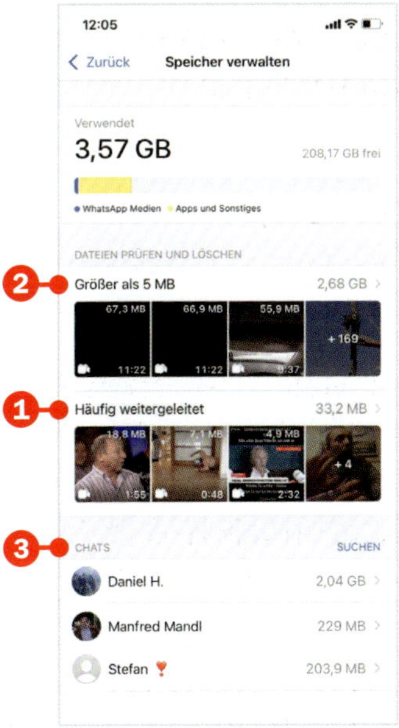

Fotos und Videos in der Fotos-App anzeigen

Fotos und Videos, die Sie über WhatsApp erhalten, werden standardmäßig in der App ***Fotos*** auf Ihrem Smartphone angezeigt.

Sie können nun in den Einstellungen von WhatsApp festlegen, ob übersandte Videos und Fotos in die Fotos-App aufgenommen werden sollen. Wichtig ist, dass Sie in den Einstellungen nur eine grundsätzliche Regelung treffen. Sie können für jeden Chat und auch für Medien einzeln davon abweichen. Dazu gleich mehr.

Eine richtige Einstellung gibt es nicht. Wenn Sie viele schöne Fotos von gemeinsamen Ausflügen über WhatsApp erhalten, dann ist es toll, die Bilder auch in der App ***Fotos*** anzuzeigen. Hier können Sie diese in einem Album zusammenfassen oder mit anderen Apps bearbeiten. Haben Sie viele Freunde, die gerne und viele witzige Sprüche in Bildform, Fotos ihres Abendessens oder ihrer Haustiere etc. versenden, dann kann es in der Fotos-App schnell unübersichtlich werden.

Ich lasse Bilder standardmäßig in der App ***Fotos*** anzeigen, habe aber einige Chats, vor allem Gruppenchats, von dieser Regelung ausgenommen. Deren Fotos werden nur in WhatsApp angezeigt.

Allgemeine Regelung treffen

In den WhatsApp-***Einstellungen*** ❶ ▸ ***Chats*** ❷ finden Sie die Option ***Sichern in „Aufnahmen"*** ❸.

Wenn der Schalter auf ***Ein*** steht, werden über WhatsApp erhaltene Bilder und Videos in der App ***Fotos*** angezeigt. Durch Antippen des Reglers schalten Sie die Anzeige aus. Nochmalige Antippen aktiviert sie wieder.

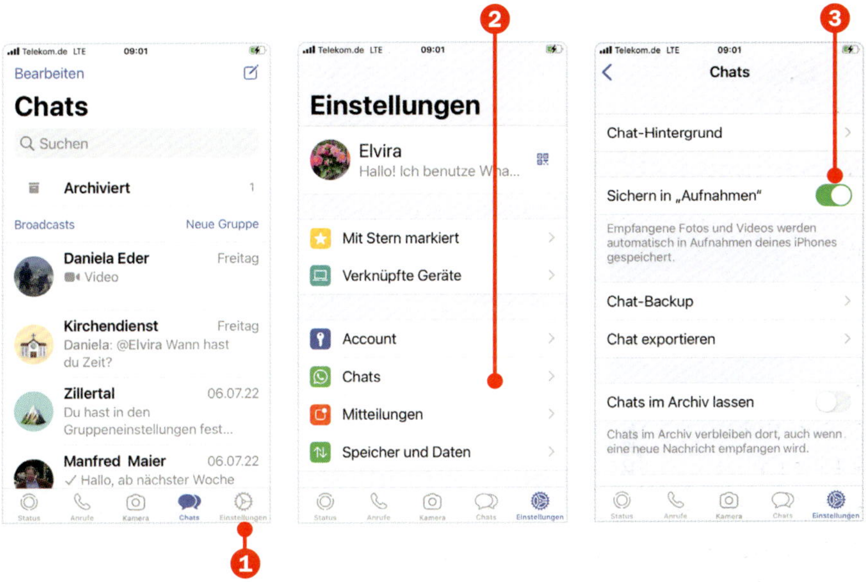

Einzelne Chats von der Regelung ausnehmen

Für einzelne Chats können Sie jetzt von der geltenden Regelung abweichen. Angenommen Sie lassen Medien in der App Fotos grundsätzlich anzeigen, dann können Sie bestimmte Gruppen- oder Einzelchats davon ausnehmen:

Zeigen Sie den gewünschten Chat an. Tippen Sie oben auf den grauen Bereich 4 zur Anzeige der Kontakt- bzw. Gruppeninfo und wählen Sie dann ***Sichern in „Aufnahmen"*** 5. Hier ist zunächst ***Standard*** ausgewählt, d. h. die allgemeinen Einstellungen werden verwendet. Durch Auswahl von ***Niemals*** 6 zeigen Sie die Medien dieses Chats nicht in der Fotos-App an.

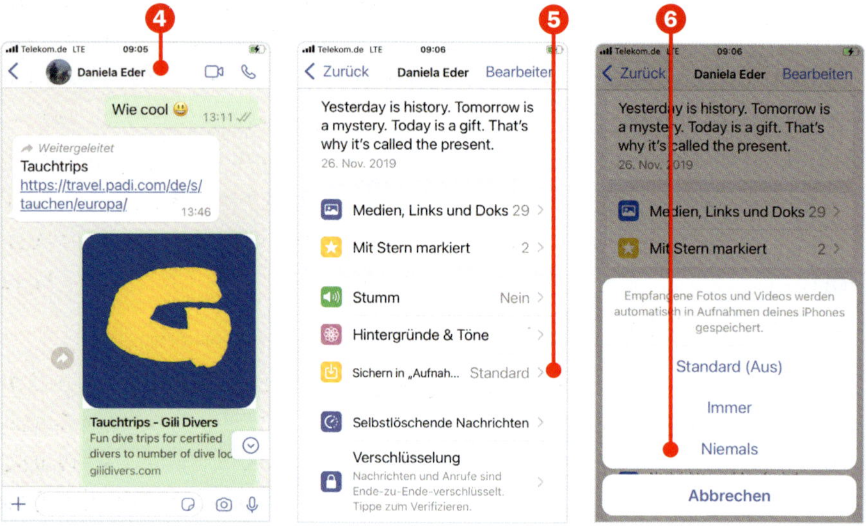

Einzelne Aufnahmen sichern

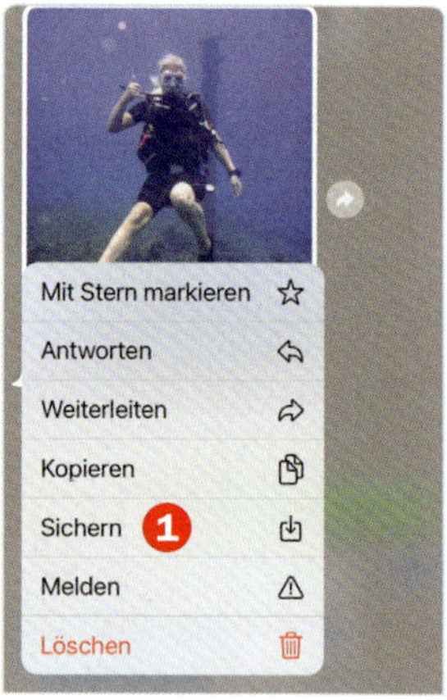

Wenn Sie die Option ***Sichern in „Aufnahmen"*** deaktiviert haben, werden Fotos und Videos, die Sie in WhatsApp erhalten, nicht in der App Fotos gespeichert. Falls Sie dennoch einzelne Fotos oder Videos speichern wollen, tippen Sie sie im Chat etwas länger mit dem Finger an, wodurch das Bearbeitungsmenü erscheint und wählen Sie dann ***Sichern*** 1.

Mediengröße versendeter Fotos festlegen

Sie können entscheiden, ob Sie Bilder lieber mit geringer oder besserer Qualität verschicken. Mit besserer Qualität steigt dann natürlich auch die Dateigröße und (ohne Verbindung zu einem WLAN) mehr Datenvolumen wird verbraucht. Die Qualitäts- und Größenunterschiede sind allerdings nicht so groß, wie man vielleicht annehmen würde. Ein Foto mit einer Originalauflösung von 3024 Pixel x 4032 Pixel und einer Dateigröße von 2,16 MB kommt bei Übersendung in bester Qualität beim Empfänger mit einer Auflösung von 1512 Pixel x 2016 Pixel und einer Größe von 205 KB an. Mit der Option „Daten sparen" wird das Bild mit einer Auflösung von 1200 x 1600 und 127 KB verschickt. Die übersandte Datei können Sie in beiden Fällen in einem Standardfotoformat von 9x13 ausdrucken; die größere Datei auch in einem Format von 11x17. Für die Betrachtung am Smartphone sind beide Dateien gleichermaßen gut geeignet.

Sie finden die Foto-Upload-Qualität in den WhatsApp-***Einstellungen*** ▸ ***Speicher und Daten*** und dann ganz unten ***Medien-Upload-Qualität*** ❶. Standardmäßig ist ***Autom.*** ausgewählt. Durch Antippen einer anderen Option ❷ wechseln Sie die Einstellung.

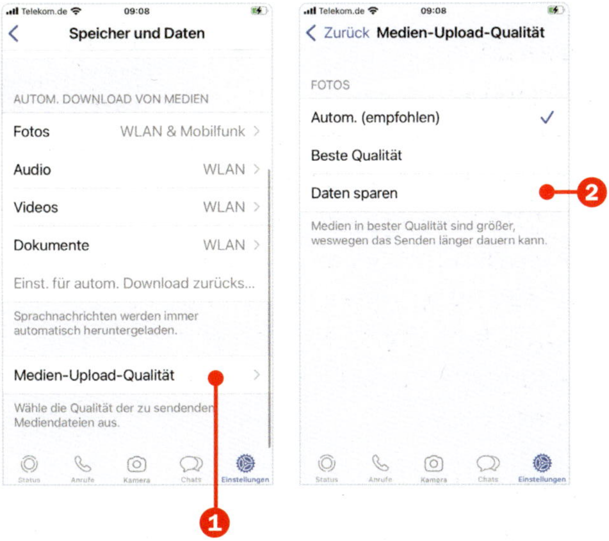

Wenn Sie Fotos verschicken, die ausgedruckt werden sollen, dann ist es besser eine andere Methode als die Versendung über WhatsApp zu wählen, z. B. E-Mail. Bei WhatsApp müssen Sie immer einen Qualitätsverlust hinnehmen.

Kapitel 08
Persönliche Einstellungen

Das erwartet Sie hier!

In diesem Kapitel erfahren Sie, wie Sie die WhatsApp-Oberfläche an Ihre Bedürfnisse anpassen, welche Informationen man Ihrem Profil entnehmen kann und wie Sie Ihr Datenvolumen schönen.

- Mit Ihrem Namen, einem Foto und einem kurzen Infotext stellen Sie sich in WhatsApp vor. Jeder, der Ihre Handynummer besitzt, kann diese Informationen in der Standardeinstellung lesen. Vielleicht möchten Sie das gar nicht; hier lernen Sie, wie Sie die **Datenschutzeinstellungen** anpassen, sodass nur Freunde Ihr Profilfoto sehen.
- Passen Sie den Hintergrund von WhatsApp an Ihre Bedürfnisse an.
- Wenn Sie oft mit Ihrem Smartphone unterwegs sind, vielleicht auch im Ausland, sollten Sie einstellen, wann welche Medien heruntergeladen werden dürfen. Sie können den **Medien-Download** beispielsweise nur zulassen, wenn Sie mit einem WLAN verbunden sind, das schont ein kleines Datenvolumen.
- **Updates** sind wichtig, damit WhatsApp reibungslos funktioniert. Deshalb sollten Updates nach Möglichkeit automatisch installiert werden.

8.1 Persönliche Einstellungen

Profilbild und Name festlegen

Bei der Installation von WhatsApp haben Sie bereits einen Namen für Ihr Profil eingegeben. Die meisten Nutzer verwenden hier ihren Vor- und Nachnamen. Beim Chatpartner wird allerdings der Name angezeigt, mit dem er Sie in seinem Adressbuch (App Kontakte) auf seinem Smartphone gespeichert hat.

Das Profilbild kann Sie zeigen. Man kann darauf aber auch verzichten. Viele verwenden hier ein Foto des Haustiers, laden ein Urlaubsbild hoch oder passen das Profilbild der Jahreszeit an. Wenn Sie kein Profilbild hinterlegt haben, wird Ihr Kontakt nur mit einem Platzhalterbild im WhatsApp Ihrer Freunde angezeigt.

- Profilbild und Name bearbeiten Sie über die WhatsApp-*Einstellungen* und Antippen des Bereichs oben ❶, der Ihren Namen anzeigt.

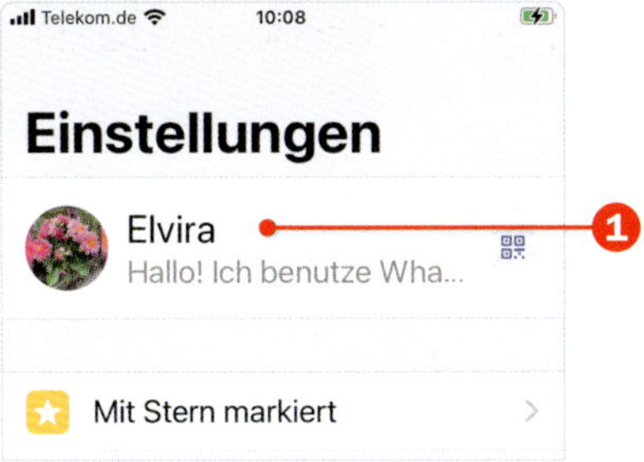

- Tippen Sie auf ***Bearbeiten*** ❷ und dann nochmals auf ***Bearbeiten*** rechts oben. Tippen Sie auf ***Bild auswählen*** (sofern ein passendes Foto auf dem Smartphone gespeichert ist oder ***Bild aufnehmen*** (wenn Sie jetzt ein Bild knipsen möchten). Haben Sie schon ein Bild hinterlegt, können Sie auf diesem Weg einfach ein neues auswählen oder über ***Bild löschen*** ❸ nur den Platzhalter anzeigen.

- Nach Auswahl des Bildes können Sie die Position und Größe durch Ziehen mit dem Finger verändern ❹. Wenn Sie mit dem Ergebnis zufrieden sind, tippen Sie rechts unten auf ***Auswählen***.
- Tippen Sie auf den Namen ❺, um einen anderen Namen einzugeben. Bestätigen Sie mit ***Fertig***. Verlassen Sie dann den Bereich über den Pfeil links oben.

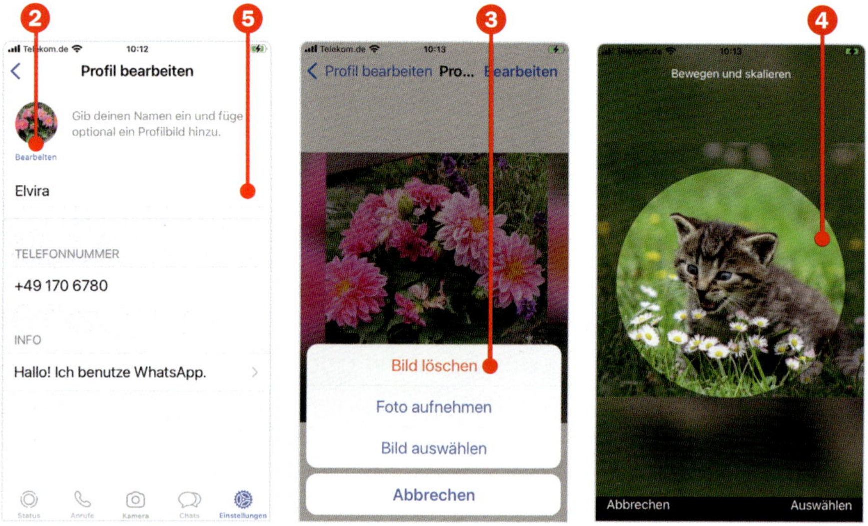

Info zur eigenen Person anzeigen

Info ist ein kurzer Text, optional auch mit Emojis, der zusammen mit Ihrem Namen und dem Profilbild angezeigt wird. Standardmäßig lautet der Infotext ***Hallo! Ich benutze WhatsApp.***

- Öffnen Sie die WhatsApp-***Einstellungen*** und rufen Sie dann den Profilbereich auf durch Antippen Ihres Namens oben.
- Tippen Sie auf den Eintrag ***INFO*** ❶ an und entscheiden Sie sich für einen der angebotenen Texte oder tippen Sie auf den Eintrag ***AKTUELLE INFO*** ❷, um eigenen Text einzugeben oder ein Emoji auszuwählen ❸. Bestätigen Sie dann mit ***Sichern***.

Die Info Ihrer Freunde können Sie beispielsweise in der Kontaktliste betrachten oder in der Kontaktinfo des Einzelchats.

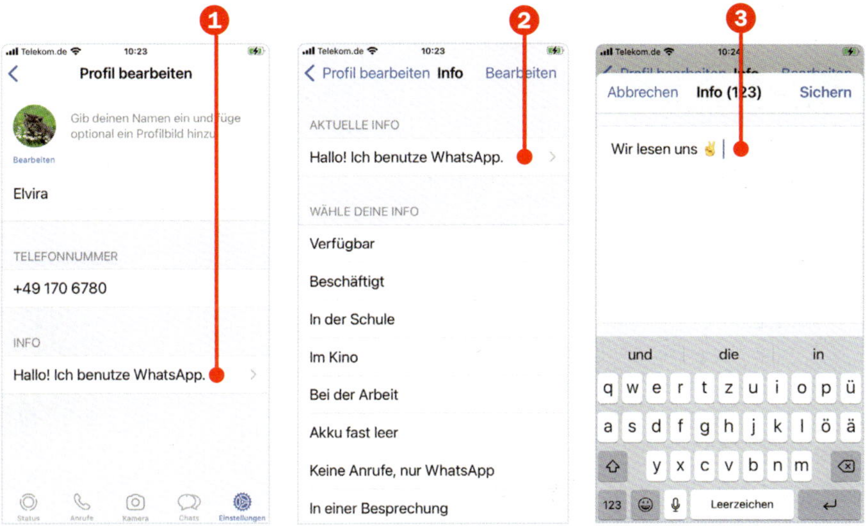

Wer kann meine persönlichen Informationen sehen?

Profilbild

In der Standardeinstellung kann jeder ihr Profilbild sehen, der Ihre Mobilnummer auf seinem Smartphone gespeichert hat. So entscheiden Sie, wem das Foto angezeigt wird:

- Öffnen Sie die WhatsApp-Einstellungen und wählen Sie dann ***Account*** **1** ▸ ***Datenschutz***.
- Tippen Sie auf den Eintrag ***Profilbild*** **2**. Standardmäßig sieht Ihr Profilbild ***Jeder***.
- Ich empfehle die Option ***Meine Kontakte*** oder ***Meine Kontakte außer ...*** **3** auszuwählen.

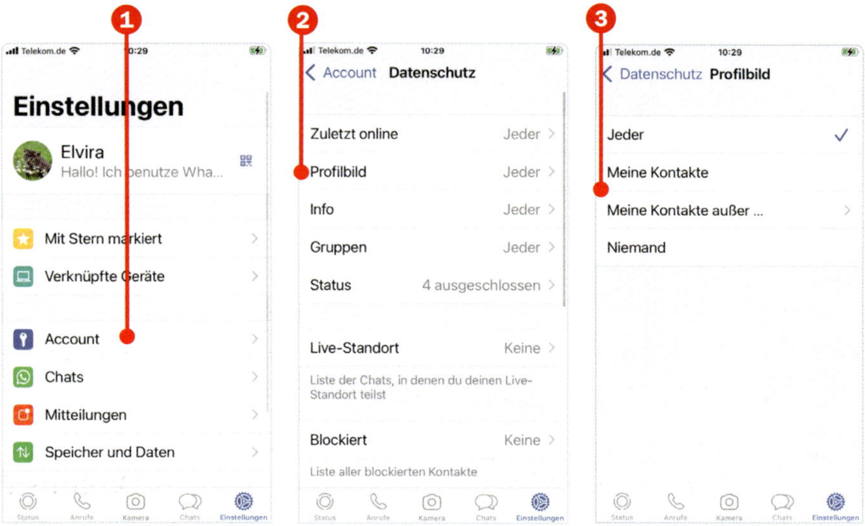

Meine Kontakte: Durch die Auswahl von ***Meine Kontakte*** sehen alle Personen, die Sie in Ihrem Adressbuch (App Kontakte) gespeichert haben, Ihr Bild. Personen, deren Telefonnummer Sie nicht gespeichert haben, wird das Bild nicht angezeigt. Mit dieser Einstellung stellen Sie z. B. auch sicher, dass in einem Gruppenchat nur die Teilnehmer Ihr Bild sehen, mit denen Sie befreundet sind. Fremden wird es nicht angezeigt.

Meine Kontakte außer: Vielleicht haben Sie aber auch in Ihrem Adressbuch viele Nummern gespeichert, denen Sie auch nicht Ihr Profilbild anzeigen möchten, z. B. Handwerker, berufliche Kontakte oder weitläufig Bekannte. Diese können Sie durch die Option ***Meine Kontakte außer*** von der Anzeige ausschließen. Tippen Sie die Kontakte an (4) (Grafik übernächste Seite), die nicht Ihr Profilbild sehen sollen und bestätigen Sie mit ***Fertig***.

Zuletzt online und Info

Wenn Sie die Information des Zuletzt online-Stempels nicht weitergeben möchten, gehen Sie so vor:

- Öffnen Sie die WhatsApp-***Einstellungen*** ▶ ***Account*** ▶ ***Datenschutz***, tippen Sie auf das Feld ***Zuletzt online*** 5 (Grafik nächste Seite) und wählen Sie ***Niemand*** bzw. schließen Sie bestimmte Kontakte mit ***Meine Kontakte außer …*** aus 6.

Bedenken Sie aber, dass in diesem Fall auch die Zuletzt online-Zeiten Ihrer Freunde (bei Auswahl von ***Niemand***) bzw. der ausgeschlossenen Personen nicht mehr angezeigt werden. Eine Alternative wäre hier, wie schon beim Profilbild die Auswahl von ***Meine Kontakte.***

Die ***Info*** folgt demselben Prinzip. Wobei Sie die Info Ihrer Freunde sehen können, auch wenn Sie diese von Ihrer Anzeige ausschließen.

Lesebestätigungen

Die Lesebestätigung, dargestellt durch zwei blaue Häkchen hinter einer Nachricht, zeigt an, dass diese gelesen wurde. Die Übermittlung dieser Information können Sie auch ausschalten.

Öffnen Sie die WhatsApp-***Einstellungen*** ▶ ***Account*** ▶ ***Datenschutz*** und tippen Sie auf den Bereich ***Lesebestätigungen*** 7. Dadurch wird der Schalter auf die Position ***Aus*** gestellt. Jetzt wird keine Lesebestätigung mehr übermittelt.

Allerdings erhalten auch Sie diese Information nicht mehr. Diese Einstellung hat keine Auswirkung auf Gruppenchats. Hier wird immer eine Lesebestätigung gesendet. Nochmaliges Antippen des Bereichs schaltet die Lesebestätigung wieder ein.

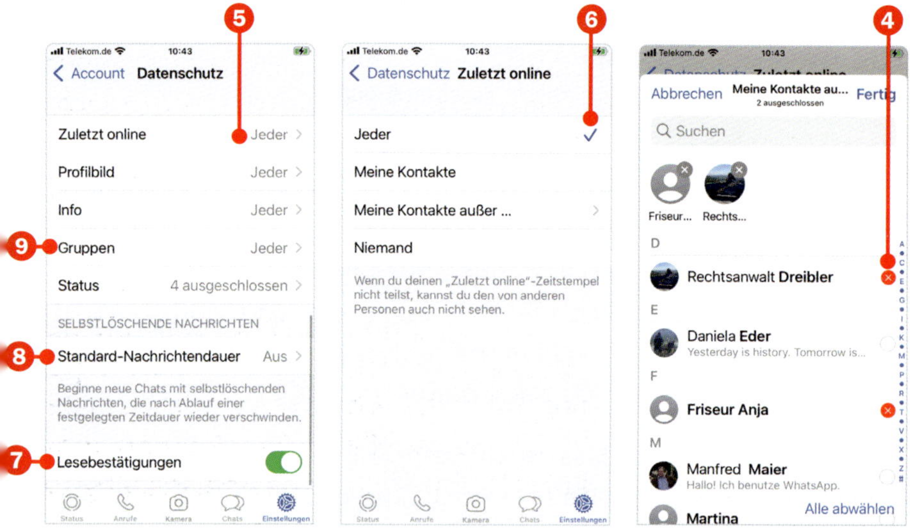

Selbstlöschende Nachrichten für alle Chats

Sie können festlegen, dass Nachrichten (Text, Fotos, Sprachnachrichten, etc.) in allen Chats nach Ablauf einer gewissen Dauer automatisch und unwiederbringlich gelöscht werden. Bevor Sie das für alle Chats einstellen, sollten Sie das für einen einzelnen Chat ausprobieren. Wenn Sie das für gut befinden, können Sie die Option auch für alle Chats übernehmen.

Öffnen Sie dazu die WhatsApp-***Einstellungen*** ▶ ***Account*** ▶ ***Datenschutz*** und tippen Sie auf den Bereich ***Standard-Nachrichtendauer*** 8. Hier wählen Sie die Nachrichtendauer durch Antippen aus. Verlassen Sie den Bereich wieder über den Pfeil links oben.

Mit Auswahl von ***Aus*** verhindern Sie das automatische Löschen von Nachrichten.

Festlegen, wer mich zu einer Gruppe hinzufügen darf

In der Standardeinstellung kann jeder, der Ihre Telefonnummer hat, Sie zu einer Gruppe hinzufügen. Wenn Sie das nicht möchten, können Sie das über die WhatsApp-***Einstellungen*** ▶ ***Account*** ▶ ***Datenschutz*** und Antippen von ***Gruppen*** 9 (Grafik vorige Seite) ändern.

Auch hier steht Ihnen mit ***Meine Kontakte*** die Möglichkeit zur Verfügung, festzulegen, dass nur Personen berechtigt sind, Sie zu einer Gruppe hinzuzufügen, die auch in Ihrem Adressbuch (App Kontakte) gespeichert sind. Alternativ erhalten Sie mit Auswahl von ***Meine Kontakte außer…*** eine Liste Ihrer Kontakte und können einzelne Personen durch Antippen ausschließen. Bestätigen Sie die Auswahl mit ***Fertig***.

Was passiert, wenn mich eine unberechtigte Person zu einer Gruppe hinzufügt?

Wenn Sie von einer nicht berechtigten Person zu einer Gruppe hinzugefügt werden, erhalten Sie im Einzelchat eine Einladung. Sie sind nicht automatisch Teil der Gruppe.

Wenn Sie teilnehmen möchten, tippen Sie ***Gruppe beitreten*** 10 an. Im nächsten Fenster sehen Sie die Teilnehmerzahl. Sofern weitere Gruppenmitglieder in Ihrem Adressbuch gespeichert sind, sehen Sie deren Namen, ansonsten nur die Anzahl 11. Tippen Sie erneut auf ***Gruppe beitreten***. Erst wenn Sie der Gruppe beigetreten sind, sehen die anderen Gruppenmitglieder Ihre Telefonnummer. Wenn Sie nicht beitreten möchten, können Sie die Meldung einfach ignorieren oder im Einzelchat antworten, warum Sie nicht mitmachen möchten.

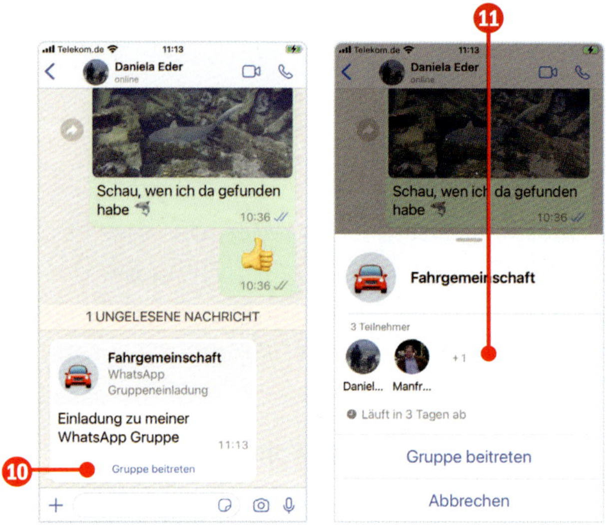

Was passiert, wenn ich nicht berechtigt bin eine Person hinzuzufügen?

Sobald Sie versuchen eine Person zu einer Gruppe hinzuzufügen, die das untersagt hat, erhalten Sie eine Meldung.

- Wenn Sie überzeugt sind, dass die Person Teil der Gruppe sein möchte, tippen Sie auf ***Zu Gruppe einladen*** 12.
- Zur näheren Bezeichnung der Gruppe kann der Text verändert werden 13.
- Tippen Sie dann auf ▶. Damit erhält der Freund eine Einladung zur Gruppe im Einzelchat und kann entscheiden, ob er teilnehmen möchte.

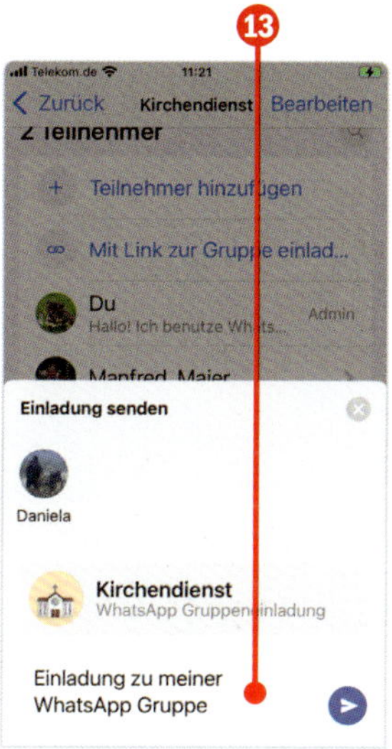

8.2 Hintergrund einstellen

Auf Seite 163 haben Sie bereits erfahren, wie Sie die Hintergründe für einzelne Chats verändern. Sie können aber auch für alle Chats einen anderen Hintergrund festlegen.

Rufen Sie dazu die WhatsApp-***Einstellungen*** ► ***Chats*** ► ***Chat-Hintergrund*** ❶ auf und tippen Sie dann auf ***Neuen Hintergrund wählen*** ❷.

Hier können Sie einen einfarbigen Hintergrund oder durch Antippen von ***Fotos*** ❸ auch ein eigenes Bild auswählen. In den Ordnern ***Leuchtend*** und ***Dezent*** stehen weitere Fotos zur Verfügung. Nach Auswahl einer Option erhalten Sie eine Vorschau. Wenn Sie Ihnen gefällt, tippen Sie auf ***Festlegen***.

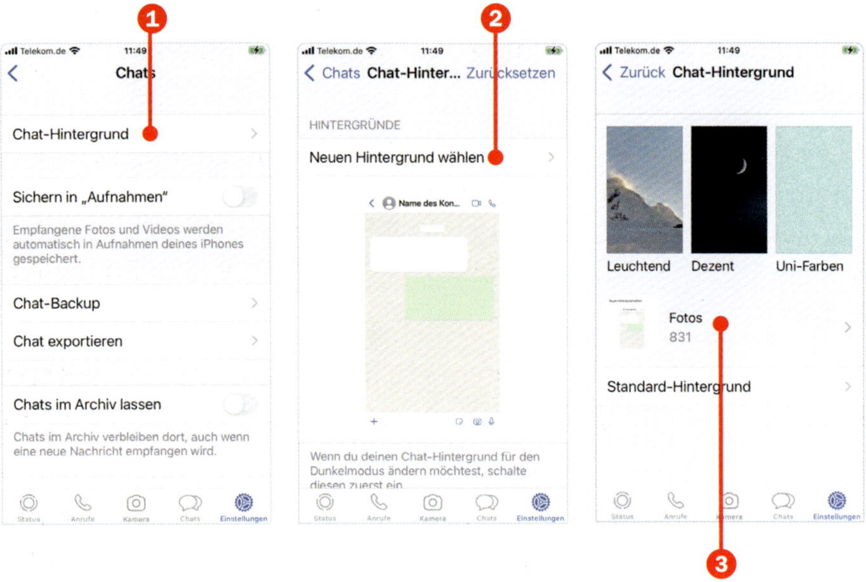

Ansonsten verlassen Sie einfach die Vorschau über ***Abbrechen*** und suchen einen anderen Hintergrund aus. Durch Auswahl von ***Standard-Hintergrund*** kehren Sie wieder zum bekannten WhatsApp-Hintergrund zurück.

8.3 Datenvolumen schonen

Wie schon mehrfach erwähnt, wird durch die Verwendung von WhatsApp außerhalb eines WLANs das von Ihrem Mobilfunkanbieter zur Verfügung gestellte Datenvolumen verbraucht. In der Regel ist das Versenden von Nachrichten kein Datenvolumenkiller, bei Fotos und Videos kommt es auf die Menge an. Bedenken Sie dabei auch, dass Bilder, die Sie erhalten, heruntergeladen werden müssen und ebenfalls das Datenvolumen schmälern.

Das gilt natürlich auch für Videos, Audiodateien oder Sprachnachrichten. Auch Telefonate über WhatsApp lassen das Datenvolumen schrumpfen.

Versuchen Sie, wann immer möglich, Ihr Smartphone mit einem WLAN zu verbinden und große Datenmengen nur bei bestehender WLAN-Verbindung zu versenden. Welche Entscheidungen Sie hier treffen, hängt natürlich auch davon ab, wie viel Datenvolumen Ihr Mobilfunkvertrag beinhaltet.

Um einen Eindruck zu erhalten, wie datenintensiv Sie WhatsApp nutzen, rufen Sie die WhatsApp-***Einstellungen*** auf und wählen ***Speicher und Daten*** 1 ▶ ***Netzwerknutzung***.

Sie erhalten eine Übersicht Ihrer Nutzungsdaten, z. B. wie viel Datenvolumen verbraucht wurde, um Bilder, Videos oder Audiodateien auszutauschen. Diese Werte finden Sie unter ***Medien*** 2, dabei bezeichnet der erste Wert die Gesamtgröße der Daten, die Sie gesendet haben und der zweite Wert ist die Gesamtmenge aller empfangenen Medien. Aber Vorsicht, hier sind auch Übertragungen bei bestehender WLAN-Verbindung berücksichtigt. Diese reduzieren natürlich das zur Verfügung stehende Datenvolumen nicht.

WhatsApp Nutzung messen

Über ***Statistik zurücksetzen*** 3 am unteren Ende der Liste setzen Sie alle Werte auf Null, z. B. am Anfang des Monats, wenn Sie auch mit vollem Datenvolumen starten.

Oder Sie testen an einem Tag ohne WLAN-Netz stichprobenhaft, wie viel Datenvolumen WhatsApp benötigen würde. Generell sind das natürlich nur Richtwerte.

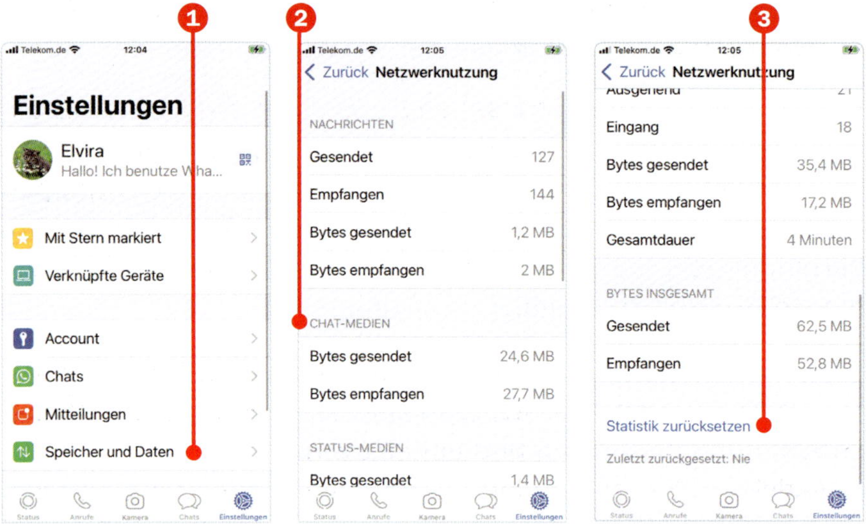

Automatische Downloads von Medien verhindern

Text- und Sprachnachrichten werden in WhatsApp immer automatisch heruntergeladen, egal ob Sie via WLAN oder mobil verbunden sind. Standardmäßig werden auch Bilder, die an Sie gesendet werden, automatisch geladen. Das schmälert unterwegs das Datenvolumen.

Ob Sie diese Standardeinstellung verändern, hängt von folgenden Faktoren ab: Wie oft Sie sich mit dem Smartphone außerhalb eines WLANs befinden, ob Sie eine Unmenge an Bildern erhalten und wie groß das Datenvolumen ist, welches Ihr Mobilfunkvertrag zur Verfügung stellt. Wenn Sie schon Mitte des Monats kein Datenvolumen mehr zur Verfügung haben, kann diese Einstellung helfen:

- Rufen Sie die WhatsApp-***Einstellungen*** auf, tippen Sie auf ***Speicher und Daten*** und wählen Sie bei ***AUTOM. DOWNLOAD VON***

MEDIEN die Option ***Fotos*** aus (1). Hier setzen Sie durch Antippen das Häkchen bei ***WLAN*** (2).

Wenn Sie unterwegs sind, sehen Sie im Chat zwar, dass Sie ein Bild erhalten haben, es wurde aber noch nicht heruntergeladen. In wichtigen Fällen können Sie das Bild jederzeit durch Antippen (3) herunterladen und anzeigen. Sobald das Smartphone eine Verbindung zu einem WLAN hat, werden alle Bilder wieder automatisch heruntergeladen.

- Wer bei einem Anruf ohne WLAN-Verbindung sein Datenvolumen schonen möchte, geht so vor: Rufen Sie die WhatsApp-***Einstellungen*** auf und tippen Sie auf ***Speicher und Daten***. Aktivieren Sie die Option ***Weniger Daten für Anrufe verwenden*** (4). Dazu tippen Sie einmal auf den Regler, der dann auf ***Ein*** springt. Die Einsparung geht natürlich zu Lasten der Qualität.

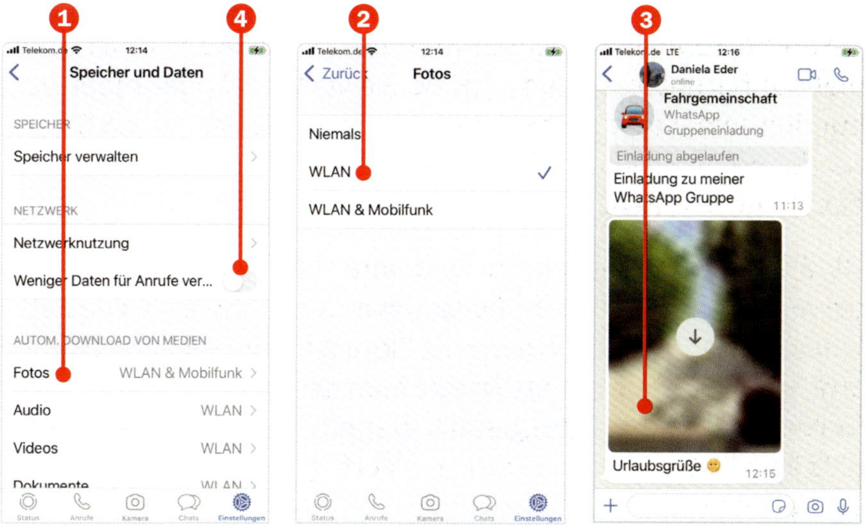

Datenroaming

Was ist Roaming bzw. Datenroaming?

Wenn Sie ins Ausland reisen, verbindet sich Ihr Smartphone mit dem ausländischen Mobilfunknetz. Da Sie auf der Grundlage Ihres Vertrag in der Regel nur für die Nutzung des Mobilfunknetzes Ihres Anbieters bezahlen, fallen für die Verwendung des fremden Netzes zusätzliche Gebühren an, z. B. für Anrufe, die Sie erhalten oder tätigen, für das Surfen im Internet mit dem Smartphone oder für das Versenden von Nachrichten in WhatsApp. Eine Möglichkeit, wie Sie diesen Roaminggebühren im Ausland entgehen können, ist das Smartphone nur zu nutzen, wenn dieses mit einem WLAN verbunden ist.

Durch die EU-Roaming-Verordnung von 2017 soll mit diesen Zusatzkosten zumindest im EU-Ausland Schluss sein. Die Idee ist, dass Sie im EU-Ausland telefonieren, surfen oder Nachrichten verschicken und dabei nur den Tarif bezahlen, den Sie im Heimatland bezahlen würden. Davon sind Einschränkungen möglich, z. B. dass nicht das gesamte vertraglich vereinbarte Datenvolumen im Ausland zur Verfügung steht.

Welche Regelung genau für Ihren Vertrag gelten, müssen Sie unbedingt vor Reiseantritt mit Ihrem Anbieter oder durch Durchsicht Ihres Vertrags klären. Verlassen Sie sich nicht pauschal darauf, dass keine Roaminggebühren entstehen. In der Regel erhalten Sie auch von Ihrem Mobilfunkanbieter eine SMS (1), sobald sich Ihr Smartphone in ein fremdes Netz einwählt. Diese informiert Sie ebenfalls über die geltenden Bedingungen.

WhatsApp-Einstellungen überprüfen

Wenn Sie roamen, d. h. eine Verbindung im Ausland zu einem fremden Mobilfunknetz aufbauen, sollten Sie keine Medien in WhatsApp herunterladen. Deshalb ändern Sie die Einstellungen und wählen bei ***Fotos***, ***Audio***, ***Videos*** und ***Dokumente*** (2) jeweils die

Option ***Niemals***. Theoretisch würden Text- und Sprachnachrichten in WhatsApp dennoch im Ausland automatisch heruntergeladen werden und unter Umständen Kosten verursachen. Dies wird in der Regel durch eine Einstellung außerhalb von WhatsApp verhindert: Zeigen Sie die ***Einstellungen*** Ihres Smartphones an und wählen Sie ***Mobilfunk*** ▶ ***Datenoptionen*** ▶ ***Datenroaming*** **3**.

Daten-Roaming: Standardmäßig ist das ***Daten-Roaming*** nicht aktiv, der Schalter ist aus. Somit können Sie, wenn Sie sich im Ausland befinden, nicht mobil ins Internet - also kein Surfen, kein WhatsApp. Im EU-Ausland und mit einem entsprechenden Vertrag können Sie aber auch das Daten-Roaming aktivieren und WhatsApp unterwegs nutzen.

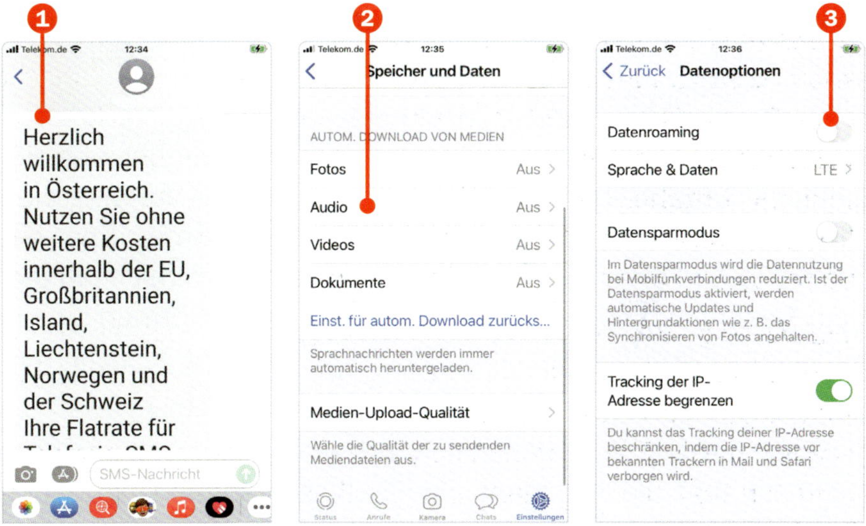

WLAN im Ausland: Von den Einstellungen beim Datenroaming unberührt bleibt selbstverständlich die Verbindung mit einem ausländischen WLAN-Netz, z. B. im Hotel. Bei bestehender WLAN-Verbindung werden wie gewohnt alle Medien heruntergeladen und in WhatsApp angezeigt. Beachten Sie auch hier, dass nicht jedes WLAN-Netz grundsätzlich kostenfrei genutzt werden kann.

Verschlüsselung

WhatsApp hat 2016 eine Ende-zu-Ende-Verschlüsselung eingeführt. Dadurch können die ausgetauschten Nachrichten, Fotos, Videos etc. jetzt nur noch vom Sender und vom Empfänger gelesen werden. WhatsApp Inc. gibt an, dass sie als Firma dadurch ebenfalls keinen Zugriff mehr auf die Chatinhalte der Nutzer hat. Die Ende-zu-Ende Verschlüsselung wird automatisch verwendet, sofern Sender und Empfänger die aktuelle WhatsApp Version installiert haben.

Sie werden auf diesen Umstand innerhalb des Chats durch einen gelb hinterlegten Infotext ❶ hingewiesen. Durch Antippen des Infotexts und Auswahl von ***Mehr erfahren*** werden Sie automatisch zu einer Seite von WhatsApp weitergeleitet, die umfassende Erläuterungen zur Verschlüsselung und Sicherheitsnummer zur Verfügung stellt.

Wenn ein Freund ein neues Smartphone verwendet und somit WhatsApp neu installiert hat, erzeugt dieser Vorgang eine Sicherheitsbenachrichtigung in Ihrem gemeinsamen Chat ❷. Allerdings nur wenn die Option ***Sicherheitsmitteilungen auf diesem Telefon*** aktiviert ist. Um dies zu überprüfen, öffnen Sie die WhatsApp-***Einstellungen*** und tippen auf ***Account*** ▸ ***Sicherheit*** und ziehen den Regler ggf. auf die Position ***Ein*** ❸.

Falls der Freund WhatsApp nicht auf einem neuen Smartphone nutzt und Sie trotzdem eine Sicherheitsbenachrichtigung erhalten, ist das ein Hinweis darauf, dass das WhatsApp des Freundes unberechtigt von Dritten genutzt wird.

Zur Überprüfung der Ende-zu-Ende Verschlüsselung könnten Sie sich nun mit diesem Freund treffen und die Sicherheitsnummer vergleichen ❹. Dazu zeigen Sie den gemeinsamen Chat an, tippen oben auf den grauen Bereich, um die Kontaktinfo anzuzeigen und wählen hier ***Verschlüsselung***. Der 60stellige Code muss auf beiden Smartphone derselbe sein.

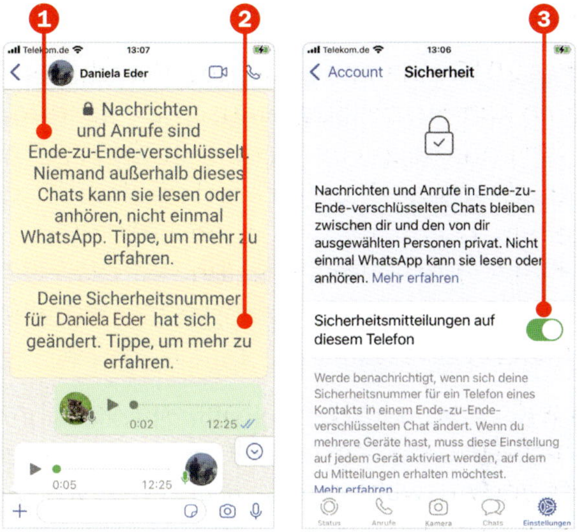
1
2
3
Telekom.de 13:07
Daniela Eder
Nachrichten und Anrufe sind Ende-zu-Ende-verschlüsselt. Niemand außerhalb dieses Chats kann sie lesen oder anhören, nicht einmal WhatsApp. Tippe, um mehr zu erfahren.
Deine Sicherheitsnummer für Daniela Eder hat sich geändert. Tippe, um mehr zu erfahren.
0:02 12:25
0:05 12:25
Telekom.de 13:06
Account
Sicherheit
Nachrichten und Anrufe in Ende-zu-Ende-verschlüsselten Chats bleiben zwischen dir und den von dir ausgewählten Personen privat. Nicht einmal WhatsApp kann sie lesen oder anhören. Mehr erfahren
Sicherheitsmitteilungen auf diesem Telefon
Werde benachrichtigt, wenn sich deine Sicherheitsnummer für ein Telefon eines Kontakts in einem Ende-zu-Ende-verschlüsselten Chat ändert. Wenn du mehrere Geräte hast, muss diese Einstellung auf jedem Gerät aktiviert werden, auf dem du Mitteilungen erhalten möchtest.
Status
Anrufe
Kamera
Chats
Einstellungen

Telekom.de 13:08
Info
Sicherheitsnummer verifizi...
Du, Daniela Eder
00919 82388 57824 47335
[redacted]
Um zu verifizieren, dass die Nachrichten und Anrufe zwischen dir und Daniela Ende-zu-Ende-verschlüsselt sind, scanne den Code auf dem Gerät deines Kontakts. Ihr könnt zum Verifizieren auch die oben stehende Nummer vergleichen.
Mehr erfahren
Code scannen
4
13:08
Info
Sicherheitsnummer verifizieren
Du, Elvira
00919 82388 57824 47335
[redacted]
Um zu verifizieren, dass die Nachrichten und Anrufe zwischen dir und Elvira Ende-zu-Ende-verschlüsselt sind, scanne den Code auf dem Gerät deines Kontakts. Ihr könnt zum Verifizieren auch die oben stehende Nummer vergleichen.
Mehr erfahren
Code scannen

8.4 Updates installieren

In der Regel werden Updates automatisch installiert. So verwenden Sie WhatsApp immer mit den neuesten Funktionen. Welche Update-Einstellungen an Ihrem Gerät gelten, finden Sie in den Einstellungen Ihres iPhones.

- Öffnen Sie die Einstellungen ❶, scrollen Sie nach unten und tippen Sie auf App Store ❷.
- Ziehen Sie dann den Regler bei *Apps* auf *Ein* ❸.
- Der Regler bei ***Automatische Downloads*** sollte auf *Aus* ❹ sein. Sie sollten Updates nur über WLAN installieren, da sonst das Datenvolumen des Mobilfunkvertrags zu stark belastet wird.

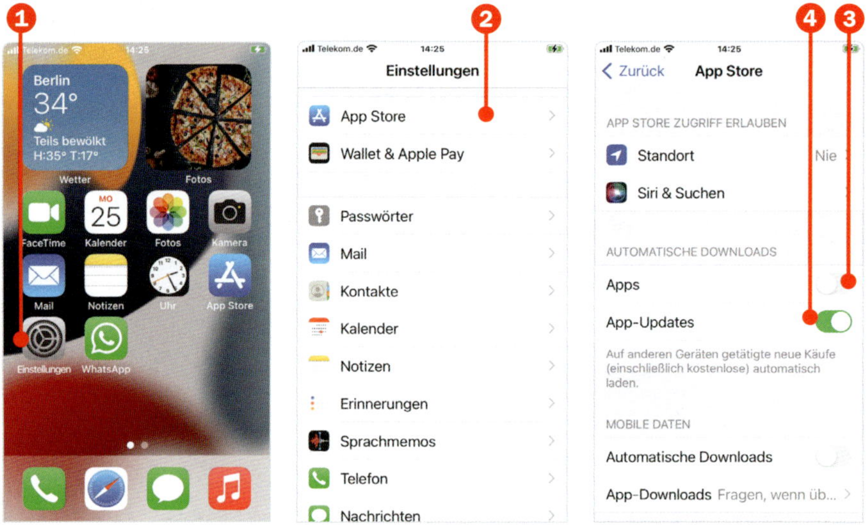

Sie können jederzeit eine Aktualisierung auch manuell anstoßen. So geht's:

- Tippen Sie im App Store rechts oben auf Ihr Profil 5 und scrollen Sie nach unten zu ***VERFÜGBARE UPDATES*** 6.
- In der Übersicht wird angezeigt, ob und wie viele Updates verfügbar sind.
- Tippen Sie auf ***Alle Aktualisieren*** 7, um für alle angezeigten Apps ein Update herunterzuladen. Soll z. B. nur WhatsApp aktualisiert werden, dann tippen Sie dort auf ***Aktualisieren*** 8.
- Wählen Sie ***Mehr*** aus, um zu sehen, welche neuen Inhalte das Update enthält 9.

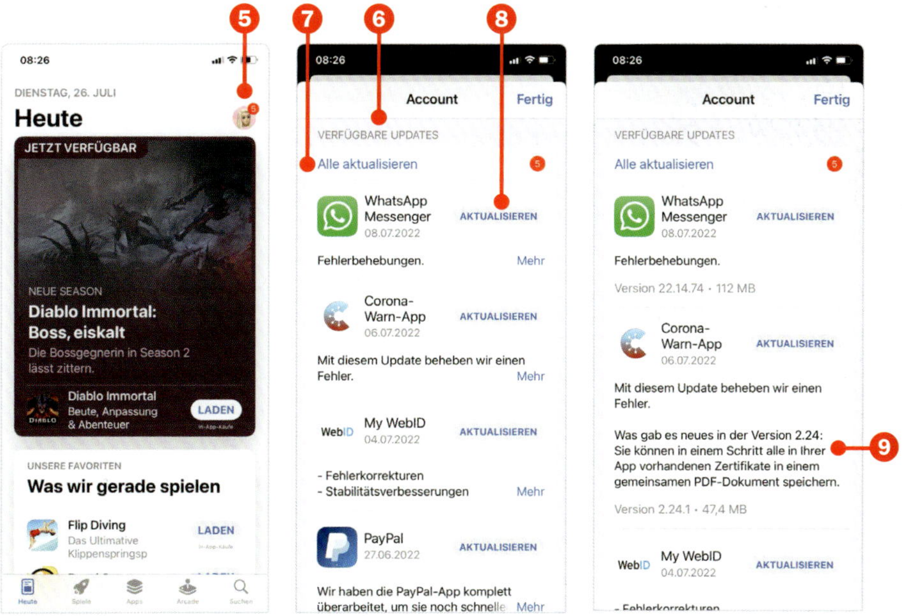

Achtung! Wenn Sie Apps aktualisieren, sollten Sie mit einem WLAN verbunden sein.

WhatsApp-Version am Smartphone

Um herauszufinden, welche WhatsApp-Version Sie aktuell verwenden, öffnen Sie die WhatsApp-*Einstellungen* 1 und tippen Sie auf *Hilfe* 2. Die verwendete Version können Sie ganz oben ersehen 3.

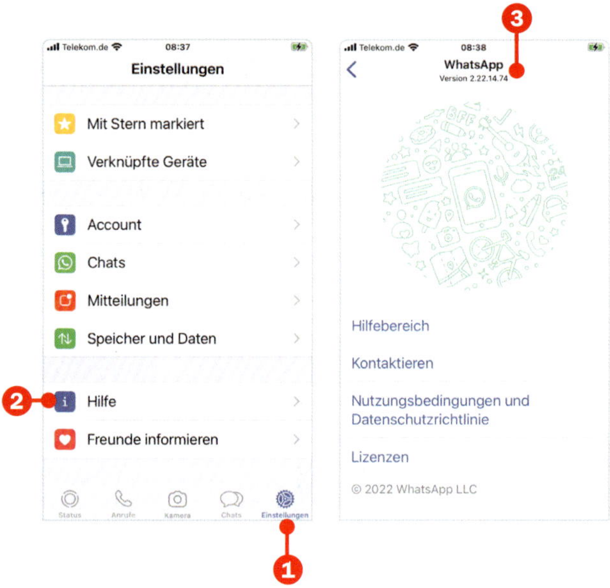

Kapitel 09

Datensicherung & Umzug

Das erwartet Sie hier!

Zum Abschluss noch zwei wichtige Themen: die Sicherung Ihrer WhatsApp-Inhalte und der Umzug auf ein neues Smartphone.

- Bei einem **Backup** von WhatsApp werden WhatsApp-Nachrichten, Fotos etc. auf einem Speichermedium, außerhalb des Smartphones, gespeichert. Sie sollten Datensicherungen in regelmäßigen Abständen durchführen. Das Smartphone kann ja kaputt oder verloren gehen oder Sie löschen versehentlich noch benötigte Inhalte. In diesen Fällen können Sie auf Ihr Backup zurückgreifen und die WhatsApp-Inhalte wiederherstellen.
- Zur Sicherung steht Ihnen **iCloud** zur Verfügung. Das ist ein Cloud-Speicher (Online-Speicher), auf den via Internet Daten übertragen werden können. Mit Ihrer Apple-ID, welches Sie für die Einrichtung Ihres iPhones bereits angelegt haben, steht Ihnen automatisch auch iCloud zur Verfügung.
- Nach dem Kauf eines neuen Smartphones ist der **Umzug** Ihrer WhatsApp-Inhalte über iCloud jetzt einfach zu bewerkstelligen. Wenn Sie dabei Ihre SIM-Karte behalten, geht das fast wie von selbst. Mit einer neuen Handynummer müssen Sie etwas mehr vorbereiten. Wie das geht, erfahren Sie ebenfalls hier.
- Wenn Sie die iCloud nicht verwenden möchten, weil Ihre Daten auf einen Server gespeichert werden, den Sie nicht kontrollieren können, müssen Sie bei einem Umzug auf ein neues Smartphone oder beim Verlust von WhatsApp-Daten den etwas umständlicheren Weg über das Backup über iTunes wählen.

9.1 Datensicherung erstellen

Standardmäßig werden Ihre WhatsApp Daten einmal täglich automatisch auf Ihrem Smartphone gesichert. Zusätzlich sollten Sie vereinbaren, dass eine Sicherung in die iCloud erstellt wird.

iCloud einrichten und ein Backup erstellen

iCloud ist eine praktische Möglichkeit, Ihre WhatsApp-Daten außerhalb Ihres Smartphones zu sichern und bei einem Wechsel der Geräte schnell und einfach zu übertragen.

Zur Einrichtung von iCloud gehen Sie so vor:

- Öffnen Sie in den WhatsApp-***Einstellungen*** ▸ ***Chats*** ▸ ***Chat-Backup*** ❶.
- Wählen Sie nun aus, ob und wie oft ein Backup erstellt werden soll, indem Sie auf ***Autom. Backup*** tippen ❷. Sie haben die Wahl zwischen ***Täglich***, ***Wöchentlich***, ***Monatlich*** oder ***Aus*** ❸. In diesem Turnus werden Ihre Chats dann in iCloud gesichert.
- Außerdem müssen Sie den Zugriff und die Übertragung von Daten erlauben. Tippen Sie dazu in den iPhone-Einstellungen ganz oben auf Ihr Profil, anschließend auf ***iCloud*** und aktivieren Sie den Schalter neben ***WhatsApp***.
- Stellen Sie außerdem sicher, dass ein Backup nur erstellt wird, wenn Ihr Smartphone mit einem WLAN verbunden ist. Das stellen Sie in den iPhone-Einstellungen über ***Mobilfunk*** ein. Scrollen Sie bis ganz nach unten und betätigen Sie den Schalter neben ***iCloud Drive***. Der Schalter sollte nun auf ***Aus*** sein. Nun werden Daten aller Apps nur mit einer WLAN-Verbindung in iCloud gespeichert.
- Entscheiden Sie in den WhatsApp-Einstellungen außerdem noch, ob Sie auch Videos sichern möchten. Wenn ja, rufen Sie

die Einstellungen auf und tippen Sie auf ***Chats*** ▸ ***Chat-Backup*** und schieben Sie den Schalter bei ***Inklusive Videos*** 4 auf ***Ein***. Mit der Sicherung von Videos erhöhen Sie den Speicherbedarf für das Backup und die Sicherungsdauer. Sie erhalten für iCloud 5 GB kostenlosen Speicherplatz. Wenn sehr viele Videos gesichert werden, könnte der Speicherplatz knapp werden. Bei Problemen mit der Sicherung kontrollieren Sie zunächst, ob noch genügend Speicherplatz zur Verfügung steht.

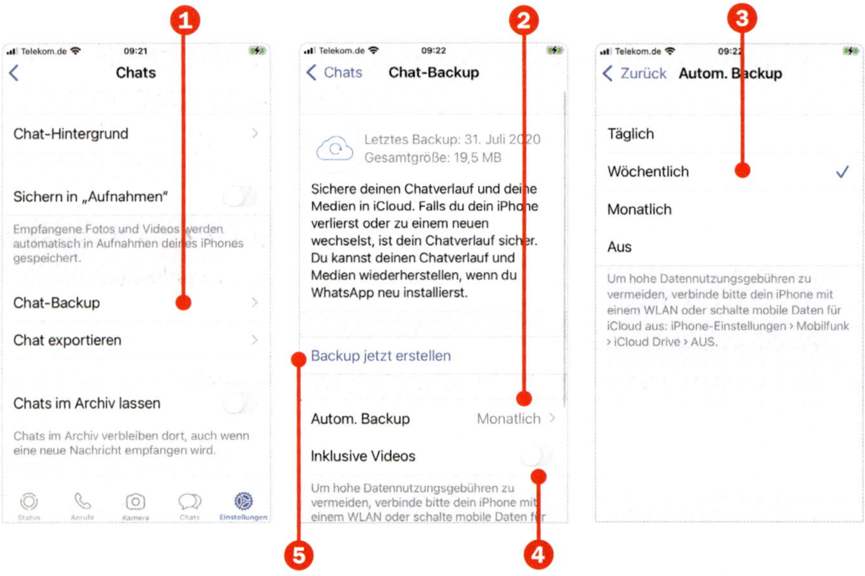

Die Sicherung Ihrer Chats wird einmal wöchentlich automatisch vollzogen und auf Ihrem Smartphone gespeichert. Falls Sie selbst, z. B. vor dem Umzug auf ein neues Smartphone eine Sicherung vornehmen möchten, tippen Sie auf ***Backup jetzt erstellen*** 5.

Bei Datenverlust könnten Sie theoretisch WhatsApp löschen und erneut installieren. WhatsApp erkennt dann, sofern vorhanden, dass in iCloud ein Backup existiert und bietet Ihnen an, dieses wiederherzustellen. Problematisch ist hierbei, dass die Nachrichten, die seit der letzten Sicherung eingegangen sind, dadurch verloren gehen.

Backup über iTunes ausführen

Wenn Sie nicht mit iCloud verbunden sind, können Sie alternativ iTunes verwenden, um Ihre Daten (inklusive WhatsApp) zu sichern.

- Schließen Sie Ihr iPhone an Ihren Computer an und öffnen Sie das Programm ***iTunes***. Ihr Computer erkennt Ihr Smartphone sofort, sofern Sie es jemals mit iTunes synchronisiert haben.
- Klicken Sie oben links auf das Handysymbol. Es öffnet sich eine Übersicht, in der die Rubrik ***Backups*** 1 erscheint.
- Wählen Sie ***Dieser Computer*** 2 und ***Backup jetzt erstellen*** 3. Ein Backup mit Ihren iPhone-Daten wird erstellt.

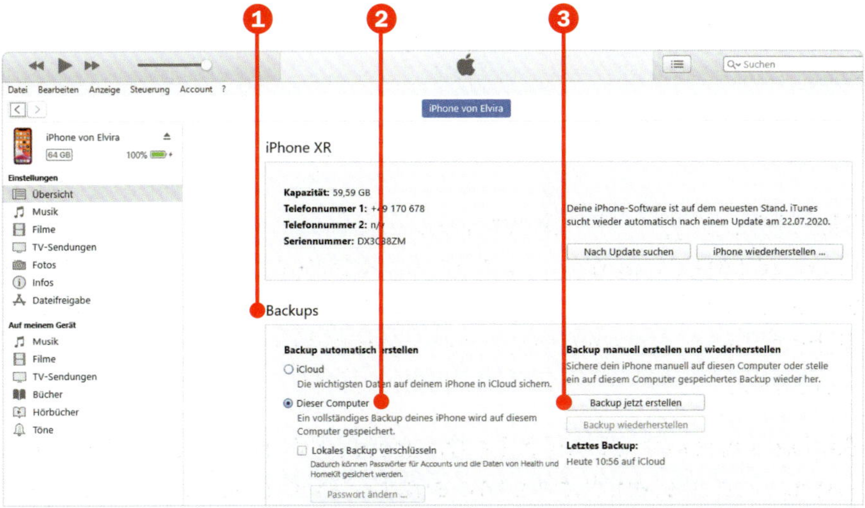

Problem: Die Erstellung eines Backups funktioniert nicht.

- Vergewissern Sie sich, dass genug freier Speicherplatz in der iCloud verfügbar ist (5 GB sind kostenlos; es können weitere Speichereinheiten gekauft werden). Um die Kapazität zu überprüfen, gehen Sie auf ▸ iPhone-*Einstellungen* und tippen Sie ganz oben auf Ihr Profil ❶. Wenn Sie nun auf *iCloud* ❷ tippen, sehen Sie eine Auflistung des Speicherverbrauchs ❸.
- Sie müssen bei der iCloud angemeldet sein. Überprüfen Sie das unter iPhone-*Einstellungen* ▸ *iCloud*. 
- Kontrollieren Sie, dass iCloud Drive eingeschaltet ist, indem Sie in den iPhone-*Einstellungen* zu *iCloud Drive* navigieren und den Schalter auf *Ein* stellen ❹.

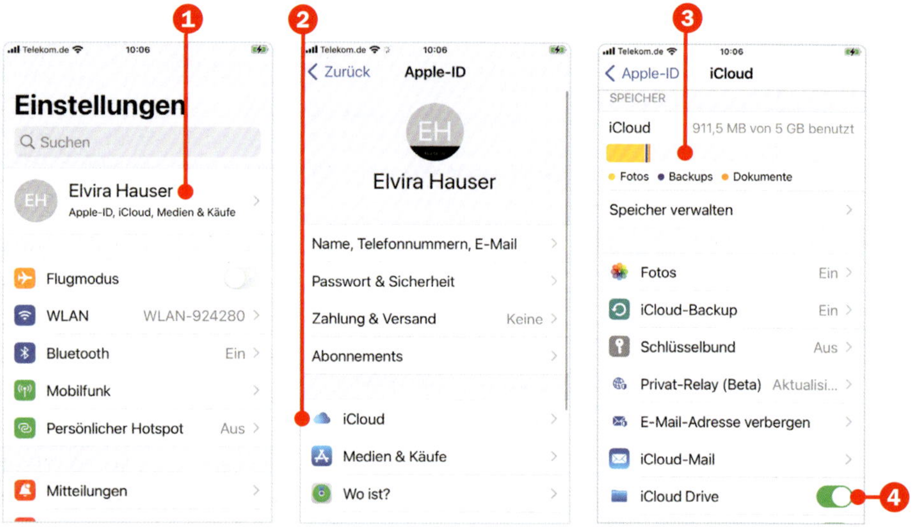

- Ein Backup im mobilen Netz funktioniert nur, wenn unter iPhone-*Einstellungen* ▸ *iCloud* ▸ *iCloud Drive* der Schalter aktiv ist.
- Versuchen Sie ein manuelles Backup: WhatsApp-*Einstellungen* ▸ *Chats* ▸ *Chat-Backup* ▸ *Backup jetzt erstellen*. Lassen Sie WhatsApp geöffnet, bis das Backup hochgeladen wird.

9.2 WhatsApp auf einem neuen Smartphone

Sie haben ein neues Smartphone gekauft und WhatsApp auf Ihrem alten Smartphone schon verwendet. Jetzt möchten Sie sicherlich Bilder, Videos und auch Ihre Nachrichten auf das neue Gerät übertragen. Wie das geht, wird hier gezeigt. Voraussetzungen für die folgenden Vorgehensweisen sind:

- Das alte und das neue Smartphone verwenden ein iOS-Betriebssystem.
- Die Apple-ID, mit der Sie sich an Ihrem alten Smartphone angemeldet haben und mit der Sie sich an Ihrem neuen Smartphone anmelden werden, ist dieselbe.
- Sie behalten Ihre Telefonnummer. Im letzten Abschnitt erfahren Sie, wie Sie vorgehen, wenn Sie Ihre Telefonnummer ändern.

WhatsApp-Daten via iCloud übertragen

Für den Umzug Ihrer WhatsApp-Daten von einem alten zu einem neuen iPhone ist eine Sicherung aller Nachrichten und Medien über iCloud einfach und bequem.

- Öffnen Sie die WhatsApp-***Einstellungen*** ▸ ***Chats*** ▸ ***Chat-Backup*** und tippen auf ***Backup jetzt erstellen***. Achten Sie darauf, dass auch bei ***Inklusive Videos*** ein Häkchen gesetzt ist. So stellen Sie sicher, dass auch diese gesichert werden. Jetzt sollten alle WhatsApp-Daten in iCloud gespeichert sein.

Löschen Sie die Daten von Ihrem alten Smartphone erst, wenn Sie sicher sind, dass das neue Gerät alle notwendigen Inhalte enthält.

- Schalten Sie Ihr altes Smartphone aus. Entnehmen Sie die SIM-Karte und statten Sie Ihr neues Smartphone mit dieser aus. Melden Sie sich an Ihrem neuen Smartphone mit derselben Apple-ID an, welche Sie auch zur Sicherung der Daten in iCloud mit Ihrem alten Gerät verwendet haben.
- Installieren Sie WhatsApp und öffnen Sie die App. Stimmen Sie den allgemeinen Geschäftsbedingung zu und erlauben Sie dass WhatsApp auf verschiedene Bereiche Ihres Smartphones zugreift. Tragen Sie Ihre Telefonnummer ein ❶ und warten Sie auf die SMS-Verifizierung. WhatsApp erkennt, dass ein Backup in iCloud existiert. Klicken Sie auf ***Wiederherstellen*** ❷, um alte Nachrichten und andere Medien wieder in WhatsApp anzuzeigen.
- Nachdem das Backup wieder hergestellt wurde, bestätigen Sie Ihre Profilinfos ❸ und beenden Sie den Prozess durch Antippen von ***Fertig***.

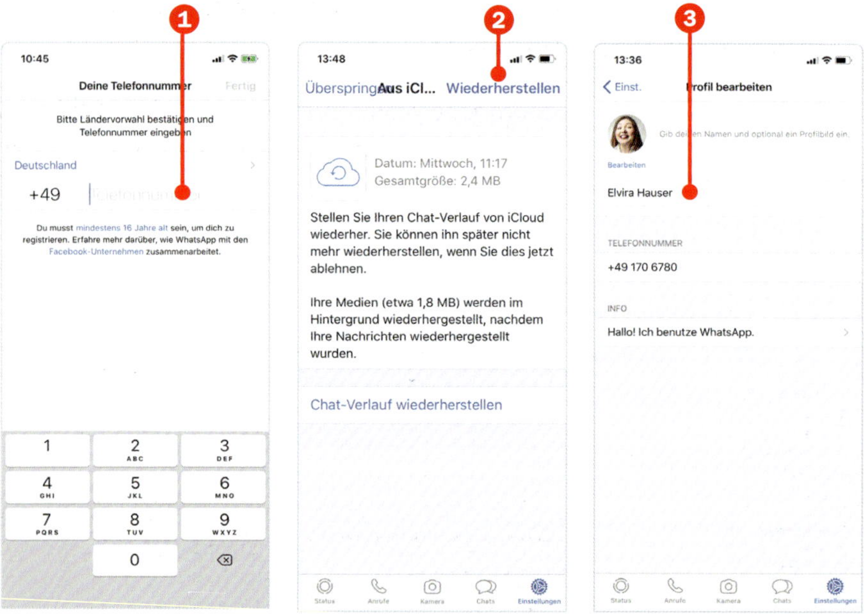

WhatsApp-Daten via iTunes übertragen

Wenn Sie nicht mit iCloud arbeiten möchten, müssen Sie Ihre Daten manuell sichern und übertragen.

- Starten Sie auf Ihrem alten Smartphone WhatsApp und führen Sie ein Backup Ihrer Nachrichten durch, wie auf Seite 201 beschrieben. Die Backup-Datei wird auf Ihrem alten Smartphone gespeichert.
- Verbinden Sie nun Ihr altes Smartphone mit dem Computer und starten Sie das Programm ***iTunes***. Ihr iPhone erscheint nun oben links in der Leiste. Klicken Sie auf das Handysymbol, wodurch sich die Kategorie ***Backups*** öffnet. Anschließend wählen Sie ***Dieser Computer*** 1 und ***Backup jetzt erstellen*** 2. Es wird ein komplettes Backup erstellt.
- Verbinden Sie dann Ihr neues Smartphone mit dem Computer und klicken Sie in der Backup-Kategorie auf ***Backup wiederherstellen*** 3. Alle Daten des alten Smartphones werden nun auf das neue übertragen.
- Nehmen Sie das Smartphone vom Computer und installieren Sie WhatsApp über den ***App Store*** auf Ihrem neuen Smartphone.

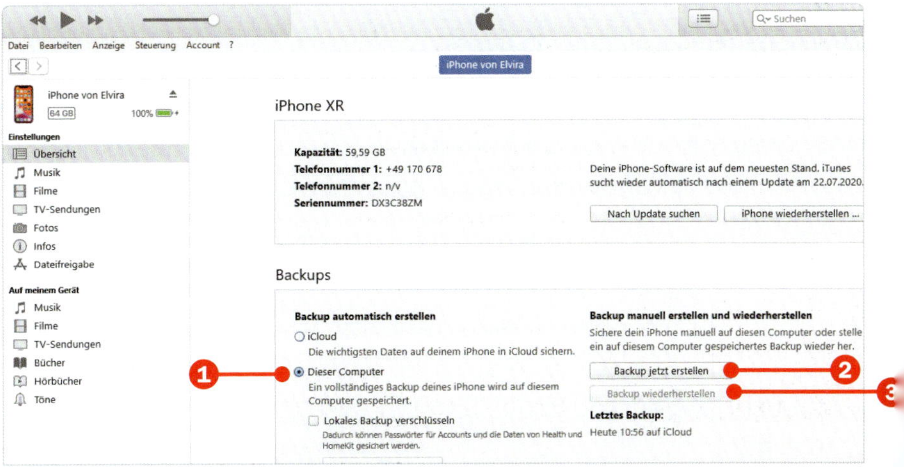

- Jetzt können Sie WhatsApp öffnen und den Installationsprozess beenden: Stimmen Sie den allgemeinen Geschäftsbedingungen zu. Tragen Sie dann Ihre Telefonnummer ein und warten Sie auf die SMS-Verifizierung. Wenn der kopierte Ordner erkannt wird, meldet WhatsApp, dass ein Backup gefunden wurde. Tippen Sie dann auf ***Wiederherstellen***. Die Nachrichten werden wiederhergestellt, was je nach Menge etwas Zeit in Anspruch nehmen kann. Bestätigen Sie Ihre Profilinfos und tippen auf ***Fertig***.

Problem: Die Wiederherstellung des Backups funktioniert nicht

- Auf dem iPhone muss genügend freier Speicherplatz vorhanden sein, um das Backup auf dem neuen Smartphone wiederherstellen zu können.
- Um das Backup auf das neue Smartphone übertragen zu können, überprüfen Sie, ob die Daten mit der gleichen Telefonnummer und dem gleichen iCloud-Account erstellt wurden.
- Kontrollieren Sie, ob iCloud Drive auf dem neuen Smartphone eingeschaltet ist. iPhone-***Einstellungen*** ▸ ***iCloud*** ▸ ***iCloud Drive***.

Eine neue Telefonnummer in Gebrauch nehmen

In diesem Beispiel nehmen wir nur einen Nummerntausch, keinen Smartphone-Tausch vor. Wenn Sie auch ein neues Smartphone haben, können Sie das in einem zweiten Schritt, wie oben beschrieben, austauschen. Im ersten Schritt aktualisieren Sie die Nummer an Ihrem alten Smartphone.

- Legen Sie die neue SIM-Karte in Ihr Smartphone ein. Schalten Sie Ihr Smartphone ein. Da Sie das Smartphone nicht getauscht haben, muss das Smartphone jetzt nicht eingerichtet werden.

- Öffnen Sie WhatsApp und wählen Sie ***Einstellungen*** ▸ ***Account*** ▸ ***Nummer ändern*** ❶. Tippen Sie auf ***Weiter***.
- Geben Sie Ihre alte Telefonnummer ❷ und in das nächste Feld Ihre neue Telefonnummer ein. Tippen Sie dann auf ***Fertig***.
- Daraufhin erfolgt die automatische SMS-Verifizierung. In diesem Fenster ❸ können Sie, falls etwas nicht funktioniert hat, beispielsweise den Code telefonisch abfragen (***Mich anrufen***) und dann selbst eintippen. In der Regel erhalten Sie nach kurzer Zeit eine Meldung über die erfolgreiche Änderung Ihrer Nummer.

So sieht es bei Ihren Freunden aus: In WhatsApp Ihrer Freunde wird der Chat mit Ihrer alten Telefonnummer noch angezeigt. Hier wird ein Hinweis über die Nummernänderung eingeblendet.

Tipp zum schnellen Übernehmen einer neuen Nummer: Zur Aktualisierung der Nummer tippen Sie den Hinweis 4 an und wählen ***Zu Kontakten*** 5. Im nächsten Schritt können Sie die alte Nummer löschen. Tippen Sie dann rechts oben auf ***Sichern*** 6.

Derjenige, der seine Nummer ändert, hat nach wie vor dieselben Chats. Die Freunde haben nach der Speicherung der neuen Nummer, die unumgänglich ist, zwei Chats - einen mit der alten Nummer, der nicht mehr verwendet werden kann und einen neuen.

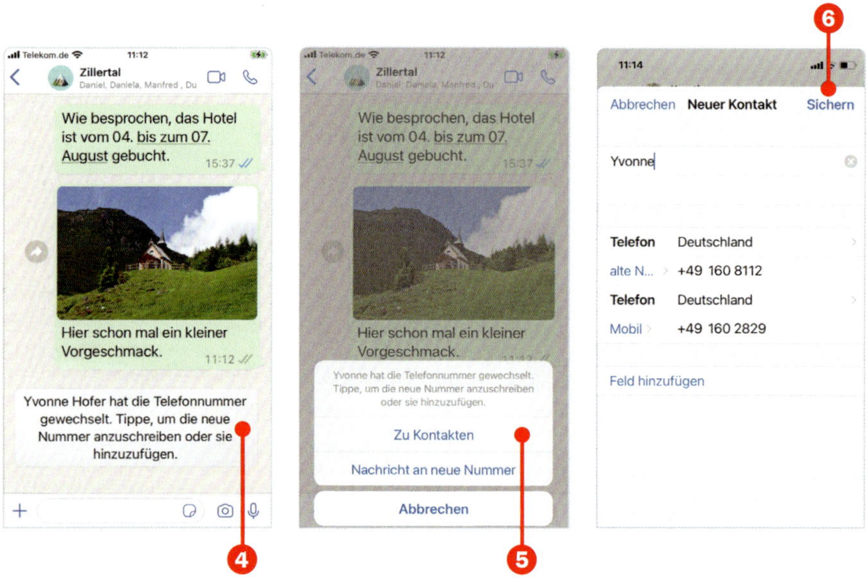

Vorgehensweise zum Austausch der Telefonnummer und des Smartphones

1 Sichern Sie Ihre Daten in der iCloud (siehe Seite 201).

2 Nehmen Sie zunächst den SIM-Karten- und Nummerntausch auf Ihrem alten Smartphone vor, wie auf Seite 208 beschrieben.

3 Falls Sie während der Aktion Nachrichten erhalten haben, müssen Sie nochmals sichern.

4 Schalten Sie das alte Smartphone aus. Entfernen Sie dann die neue SIM-Karte aus dem alten Smartphone und legen Sie diese in das neue Gerät ein.

5 Richten Sie Ihr Smartphone ein, installieren Sie WhatsApp und stellen Sie Ihr Backup wieder her, wie ab Seite 205 erläutert.

Emoji	Interpretationen
😀 😃 😄 😁 😆	Glückliches Lachen: Das finde ich witzig. Ich freue mich.
🥹	Freudentränen | Das Gesicht soll Gemütszustände von Traurigkeit über Wut bis Freude und Dankbarkeit ausdrücken. Durch das kleine Lächeln erscheint es eher positiv.
😅	Das war knapp. Gerade nochmal gut gegangen.
😂 🤣	Ich kriege mich nicht mehr ein vor lachen! Ich wälze mich auf dem Boden vor Lachen (zweites Emoji).
🥲	Ich bin gerührt, dankbar oder erleichtert.
😊 ☺️	Du machst mich verlegen. Danke für das Kompliment. Schüchternes Lächeln.
😇	Ich bin absolut unschuldig!
🙂	Emoji mit einem Lächeln | Oder: Die Bemerkung war sarkastisch.
🙃	Ich albere nur herum.
😉	Das war nur Spaß. Steht bei zweideutigen oder ironischen Bemerkungen. Wird auch verwendet, um zu flirten.
😌	Das ist ja gerade nochmal gut gegangen!
😍 🥰 😘 💋	Ich bin verliebt. Es kann aber auch freundschaftliche Zuneigung damit ausgedrückt werden oder Begeisterung für eine Sache, einen Ort etc.

Emoji	Interpretationen
😗 😙 😚	Du bist ein wahrer Freund! / Ich mag dich! Küssendes Gesicht als Symbol der Zuneigung oder des Dankes. Kann auch als pfeifendes Gesicht verwendet werden: Ich war das nicht und pfeife ganz unschuldig!
😋	Das war lecker!
😛 😝 😜	Ich mache nur Spaß. Das meine ich nicht ernst. Zeigt auch Schadenfreude.
🤪	Irrsinnig komisch, wobei hier auch mitschwingen kann, dass jemand verwirrt oder verrückt ist.
🤨 🧐	Das ist seltsam. Da bin ich skeptisch. Das Emoji drückt Argwohn oder Misstrauen aus.
🤓	Du bist ein Besserwisser.
😎	Mir gehört die Welt. Steht aber auch für: Ich bin im Urlaub.
🥸	Verkleidet oder inkognito sein.
🤩	Ich freue mich auf dich. Ich freue mich auf etwas.
🥳	Party-Emoji, beliebt an Silvester und Karneval. Jetzt wird gefeiert.
😏	Ich will nicht angeben, aber ...
😒	Ich bin genervt oder unzufrieden.

Emoji	Interpretationen
😞 😔	Das finde ich schade. Das ist traurig. Ich bin enttäuscht. Ich bedauere das.
😟	Ich bin sehr besorgt.
😕	Das Geschriebene verwirrt mich. Ich bin verwirrt und unzufrieden, aber nicht traurig.
🙁 ☹️	Das macht mich traurig. / Ich bin traurig.
😣 😖	Wie konnte das nur passieren?
😫 😩	Ich bin müde und kaputt. | Ich bin erschöpft und habe keine Lust mehr.
🥺	Flehende Bitte
😢 😭	Ich weine vor Traurigkeit und bin aufgelöst! Ich bin untröstlich.
😤	Das macht mich wütend! Kann aber auch ein verächtliches Schnauben demonstrieren.
😠 😡 🤬	Ich bin zornig und ärgere mich! Ich fluche (letztes Emoji).
🤯	Explodierender Kopf: Steht für eine erstaunliche oder schockierende Nachricht.
😳	Eigentlich schämt sich dieses Emoji, es ist mir also etwas peinlich. Viele verwenden es aber auch, um zu sagen, dass sie schockiert oder erstaunt sind.
🥵 🥶	Mir ist so heiß. | Mir ist so kalt.

Emoji	Interpretationen
😶‍🌫️	Das Gesicht hinter den Wolken kann verschiedene Bedeutungen haben. Jemand ist verwirrt oder hat einen "vernebelten" Verstand. Das Emoji kann aber auch für ruhige Glückseligkeit stehen oder ganz konkret für Rauch oder Nebel.
😱	Schreiendes Emoji: Ich bin vor Angst erstarrt, ungläubig. / Ich bin extrem aufgeregt.
😨	Ich bin entsetzt, überrascht, schockiert oder traurig.
😰 😥 😓	Ich mache mir große Sorgen./ Es war stressig, aber jetzt bin ich erleichtert!
🤗 👐	Ich könnte dich und die ganze Welt umarmen! Offene Hände sind auch ein Symbol für Umarmung.
🤔	Lass mich überlegen!
🫣	Durch die Finger gucken; man kann nicht wegsehen, obwohl es einem Angst macht oder peinlich ist.
🤭	Das macht mich sprachlos oder verlegen. Hinter vorgehaltener Hand lachen.
🫢	Damit drücken Sie Schock oder Überraschung aus.
🫡	Salutierendes Emoji signalisiert Respekt oder Zustimmung: Aye, aye, Käpt'n!
🤐 🤫	Das ist ein Geheimnis.

Emoji	Interpretationen
🫠	Schmelzendes Gesicht: Vor Hitze vergehen oder vor Scham.
🤥	Pinocchio-Nase: Das glaube ich nicht. Oder: Ich hab dich angeschwindelt.
😶	Dazu kann ich nichts sagen. Kein Kommentar.
😑 😐 🫥	Dazu habe ich keine Meinung. Kein Kommentar. Man zieht sich zurück oder ist isoliert.
😕	Ich bin skeptisch, verwirrt oder frustriert.
😬	Ich war es nicht. / Ich bin nervös.
🙄	Das Emoji rollt mit den Augen: Das nervt mich. Ich will mich nicht weiter damit beschäftigen.
😮 😦 😧 😯	Ich bin schockiert.
😲	Überraschtes Gesicht
😴 😪	Ich gehe schlafen. Gute Nacht | Ich bin müde. Etwas ist sehr einschläfernd.
🥱 🦥	Gähnendes, gelangweiltes Emoji. Man kann natürlich auch die eigene Trägheit durch das passende Tier symbolisieren.
🤤	Sabberndes Emoji: Mein Verlangen nach ... ist riesig.
😮‍💨	Gesicht atmet sichtbar aus: Ich bin erleichtert. | Ich bin müde / erschöpft. | Ich bin enttäuscht (seufzen). | Ausatmen von Rauch.

Emoji	Interpretationen
😵	Das glaube ich nicht. | Ich bin beeindruckt. | Das überrascht mich. | Mir ist schwindelig. | Kann auch für Krankheit stehen.
😵‍💫	Mir ist schwindelig. | Ich bin verwirrt. | Kann auch für Hypnose stehen.
🥴 🤢	Ich bin betrunken. Mir ist schwindelig.
🤕 🤒 🤧 🤮	Ich fühle mich gar nicht wohl. Ich bin krank.
😷	Ich bin krank und möchte niemanden anstecken. Ich möchte mich nicht anstecken und schütze mich.
🤑	Ich habe Geld gewonnen. Ich hoffe, ich gewinne.
👻	Verspielter Geist. Das ist aber gruselig! Aufgrund der Zunge kann der Geist als Alternative zu 😛 (Ich mache nur Spaß!) verwendet werden.
💩	Das ist ein Kothaufen. "Oh, das ist aber echt 💩 gelaufen." "Mir geht es heute echt 💩".
😾 😹 😸 😺	Emojis in Katzenform
🫶	Ich liebe Dich. Ich unterstütze Dich.
🙌	Ich bin in Feierlaune und strecke die Hände nach oben zum Tanzen.
👏	Bravo! Sehr gut gemacht.

Emoji	Interpretationen
👍 👌	Okay. Das finde ich gut. Das machen wir so. Geht in Ordnung.
👎	Das gefällt mir nicht.
🤌	Dieses Emoji wird auch als "italienische Geste" bezeichnet. In Italien wird diese verwendet, wenn man enttäuscht oder frustriert ist: "Was willst du?" In Israel bedeutet die Geste "Entspann dich" oder "Bleib ruhig".
🤏	Ein wenig, ein bisschen oder auch so klein.
🤟 ≠ 🤘	Ich liebe dich. Zeichen aus der Gebärdensprache ≠ Pommesgabel: Geste auf Metal-Konzerten, um Begeisterung für die Musik zu demonstrieren.
👋	Hallo! / Tschüss! / Auf Wiedersehen!
🙏	Dies sind Hände zum Beten gefaltet. Wird als flehende Bitte oder auch als Danke verwendet. Andere sehen darin ein "High Five" .
🫵	Du! bist gemeint.
☝️	Nimm dich in Acht!
🤞	Viel Glück! Ich verspreche es. / Ich schwöre es.
👀	Nicht schlecht. | Das gefällt mir (z. B. wenn man ein Foto einer attraktiven Person sieht). Das Emoji kann aber auch dafür stehen, dass man etwas im Schilde führt.

Emoji	Interpretationen
🤦‍♂️ 🤦‍♀️	Oje, wie kann man nur? / Das darf nicht wahr sein!
🤷‍♀️ 🤷‍♂️	Das weiß ich nicht! / Das interessiert mich nicht!
💃	Lass uns tanzen gehen!
💑	Wir lieben uns! / Wir sind jetzt ein Paar!
💏	Lass dich küssen!
👑	Du bist großartig! / Das ist herrlich!
🐵	Du machst dich zum Affen!
🙈 🙊 🙉	Nichts sehen. | Nichts sagen. | Nichts hören.
🐽 🐷	Viel Glück! / Da hast du aber Schwein gehabt.
☀️ ☂️ 🌧️ ☃️ ❄️	Lass uns das schöne Wetter genießen! | Vergiss den Regenschirm nicht! | Willst du einen Schneemann bauen? | Es ist bitterkalt.
🎅 🎄 🎁 🐇	Auch rund um Feiertage gibt es passende Emojis: Weihnachtsmann | Weihnachtsbaum | Weihnachts- oder Geburtstagsgeschenk | (Oster-)hase
🥪 🍕	Hast du Hunger?
🎂	Alles Gute zum Geburtstag!

Emoji	Interpretationen
🎉	Konfetti oder Wundertüte: Lass uns feiern!
❤️ 💞 ❣️ 💙	Herzensangelegenheit: Das erste Herz pulsiert im Chat, wenn es allein verschickt wird, und ist eines der beliebtesten Emojis überhaupt.
💘 ❤️‍🔥	Ich bin verliebt. | Ich brenne vor Leidenschaft.
💔 ❤️‍🩹	Gebrochenes Herz/Liebeskummer. | Heilendes Herz.
✨	Das Emoji kann für Verschiedenes stehen: Glück | Liebe | Fröhlichsein | Aufregung/Vorfreude | ein neuer/sauberer Gegenstand.
🔥	Das finde ich heiß. | Dafür brenne ich. | Ich bin Feuer und Flamme.
🪫	Der Akku ist leer, vielleicht vom Smartphone oder vom Elektroauto...
☑️ ✔️	Die Aufgabe ist / wird erledigt. | Das stimmt so.

Stichwortverzeichnis